浙江中医药
健康服务业态泛览

Introduction of Traditional
Chinese Medicine Health Service
Format in Zhejiang Province

陈永灿　马凤岐　主编

浙江工商大学出版社 | 杭州
ZHEJIANG GONGSHANG UNIVERSITY PRESS

图书在版编目（CIP）数据

　　浙江中医药健康服务业态泛览/陈永灿，马凤岐主编.
—杭州：浙江工商大学出版社，2021.5
　　ISBN 978-7-5178-4468-6

　　Ⅰ.①浙… Ⅱ.①陈… ②马… Ⅲ.①中医学－保健－
服务业－研究－浙江 Ⅳ.① F426.7

　　中国版本图书馆 CIP 数据核字（2021）第 078784 号

浙江中医药健康服务业态泛览

主　编　陈永灿　马凤岐

策划编辑	郑　建	
责任编辑	郑　建	
封面设计	叶曹伶	
责任印制	包建辉	
出版发行	浙江工商大学出版社	
	（杭州市教工路 198 号　邮政编码 310012）	
	（E-mail: zjgsupress@163.com）	
	（网址：http://www.zjgsupress.com）	
	电话：0571-88904980，88831806（传真）	
排　　版	杭州浙信文化传播有限公司	
印　　刷	杭州宏雅印刷有限公司	
开　　本	710mm×1000mm　1/16	
印　　张	10	
字　　数	151 千	
版 印 次	2021 年 5 月第 1 版　2021 年 5 月第 1 次印刷	
书　　号	ISBN 978-7-5178-4468-6	
定　　价	69.00 元	

浙江中医药健康服务业态泛览

主　编　陈永灿　马凤岐

编　撰　（以姓氏笔画为序）

马凤岐　王恒苍　白　钰　宋　丹

陈永灿　陈金旭　杨益萍　林雨琪

范天田　郑名友

前　言

　　近年来，随着社会经济的快速发展，人们的健康意识不断增强，对健康的需求也由单一的疾病治疗模式转向预防、保健、治疗、康复相结合的模式；同时，对精神层面文化享受的需求也在日益增长。中医药除具备医疗优势外，在预防保健、康复养生等方面也有着独特的经验；并且中医药文化底蕴深厚，人文特色明显，注重人文关怀，更能满足当今人们的健康需求。

　　在我国经济进入高质量发展阶段、卫生健康领域改革强力推进的背景下，中医药与健康服务事业的发展得到广泛关注与高度重视，政府有关部门相继出台了多份关于促进中医药事业和健康服务业发展的文件，中医药健康服务业的前景十分广阔，中医药健康服务模式的研究成为助力中医药健康服务业发展的焦点。我们结合中医药的行业特点、技术优势和文化属性，提出构建融合文化传承和产业发展的中医药健康服务模式。该模式分为三种：综合产业园区模式、特色养生服务模式和历史文化弘扬模式。每个模式各有相应的定位和特色。

　　《浙江中医药健康服务业态泛览》收录了浙江省41家中医药健康服务实体，并将其按我们构想的三种中医药健康服务模式进行了分类，其中8家为综合产业园区模式，21家为特色养生服务模式，12家为历史文化弘扬模式。本书从业态概况、产业特色和文化亮点三个方面对每家中医药健康服务业态进行了系统梳理和简要介绍，并配以直观生动、丰富多彩的实地照片，使读者可以切实感受到各个中医药健康服务业态的整体布局、服务风格和文化氛围。

本书的调研工作得到浙江省中医药管理局的大力支持和各地中医药健康服务相关企业的全力配合；本书的出版得到浙江工商大学出版社的鼎力相助，并由浙江省中医药科技计划重点研究项目构建融合文化传承和产业发展的中医药健康服务模式研究（编号 2016ZZ001）资助；本书的编撰也是浙江省陈永灿名老中医专家传承工作室成员齐心协力、精诚合作的结果。在此一并表示感谢。

陈永灿

2020 年 12 月 12 日

杭州竹溪书斋

目 录

历史文化弘扬   113

绪　论

中医药健康服务是指运用中医药理念、方法、技术维护和增进人民群众身心健康的活动，主要包括中医药养生保健、医疗康复服务，涉及健康养老、健康文化、健康旅游等相关服务。目前，中医药健康服务业的发展得到广泛关注与高度重视，相关学者也将目光聚焦到其模式的研究上。我们对此做了思考研究和实地调研。

一、把脉时代气息，拟定模式方向

2009 年和 2013 年，国务院相继出台了《关于扶持和促进中医药事业发展的若干意见》和《关于促进健康服务业发展的若干意见》。2015 年 4 月，国务院办公厅又发布了《中医药健康服务发展规划（2015—2020 年）》。2019 年 10 月 20 日，《中共中央国务院关于促进中医药传承创新发展的意见》发布；10 月 25 日，全国中医药大会在北京召开。足见国家对于中医药事业传承和发展的重视，中医药健康服务业亦在其中。

我们认为，研究中医药健康服务模式要体现中医药的行业特点、技术优势，要以中医药健康理念为引领，不断诠释中医药既是医药科学技术又是优秀民族文化的内涵，将技术与文化融为一体的中医药健康服务业正是不同于其他健康服务业的一个标签。鉴于此，我们提出构建融合文化传承和产业发展的中医药健康服务模式，设想将中医药的文化传承和健康服务深度结合，无缝对接，其重点在于中医药文化在中医药健康服务产业发展中的渗透，使产业内在的核心理念与外在的形象设计都透露出中医药文化的气息。该模式强调要将中医药文化的核心价值融入中医药健康服务产业的发展宗旨、环境设计以及行为规范之中，争取做到在发展壮大中医药健康产业的同时，使中医药文化也能得到发掘、保护、展示、利用和传播，在健康服务中传承中医药文化，在文化熏陶中壮大中医药产业。

二、紧扣中医特色，阐述模式依托

我们提出的模式以中医药为文化依托，以健康服务业为文化载体，充分发挥中医药的文化特色，助力中医药健康服务业的发展。

1. 体现中医药技术与文化的双重属性

中国传统文化是中医理论形成的文化基础，中医药在形成和发展过程中被深深打上了传统文化的烙印，因此具有技术与文化的双重属性。中医药的技术属性主要体现在"三个作用"上，即在治未病中的主导作用、在治疗重大疾病中的协同作用，以及在疾病康复过程中的核心作用。主导治未病，就是坚持以预防为主，运用中医养生保健技术，如按摩、拔罐、刮痧、药浴、食养等，防病于未然，在疾病预防控制方面发挥骨干作用。协同治疗重大疾病，则是根据中医理论进行辨证施治，突出中医诊疗特色，与西医临床协作，联合攻关。在疾病康复过程中的核心作用，即充分发挥中医康复技术的特色，使中医药成为疾病康复的首选和重要手段。这为服务模式的研究提供了技术基础。

"治未病"思想可以认为是一种文化思想，中医学一开始关注的就是人体的整个生命状态，而不是仅仅局限于对疾病发生时的认识，其对人体非疾病时的状态同样关注，注重未病先防，以及疾病恢复期的康复调理。不论是预防保健，还是康复养生，中医药在这些方面的经验都相当丰富。这为服务模式的研究提供了文化基础。

2. 体现中医药的活态传承

中医药在绵延几千年的发展历程中，已经如春雨润物般深入广大民众的血液之中。许多我们耳熟能详的养生谚语，其中都蕴含着深刻的中医养生智慧，如"春捂秋冻""冬吃萝卜夏吃姜"等，这些充分体现了中医药文化对人们日常生活的渗透和影响。中医药的健康理念早已扎根民间，已成为中华民族的文化基因。中医药文化是在人民群众生产生活过程中得到不断演变和完善的，它不是僵化的，而是活态的，与时俱进的。我们也倡导"在养生实践中生活，在起居活动中养生"。将中医药的文化元素融合到中医药健康服务模式之中，让中医药健康服务走进千家万户，不仅群众基础好，覆盖面广，百姓容易接受，也能够激发他们的兴趣，调动其参与的积极性。

3. 体现人在文化展示中的主体性

文化的主体是人，人既是文化的欣赏者，又是文化的体现者。中医药文化的体现不仅要有外在的形象设计，而且还要重视人在其中的主体性。结合提出的模式，一方面，产业的形象设计要加入中医药文化元素，使其能够在外观上营造出浓厚的中医药文化氛围，让参与者有切身体会，并乐在其中。另一方面，中医药文化的内涵和精神要由人来体现，通过中医药健康服务从业人员在服务时表现出来。这就要求产业中的员工接受中医药文化知识的培训，提高中医药文化素养，用服务时的一言一行来体现中医药文化的内涵和精神。

三、融入文化理念，构想模式形态

我们认为该模式的核心是在文化与产业结合过程中体现出中医药文化的特色，将中医药文化的核心理念、形象设计以及行为规范都融入产业发展中。我们将其分成以下三类。

1. 综合产业园区模式

综合产业园区要进行前瞻设计，园区占地面积较多，产业规模档次较高，中医药健康服务内容较为全面，形成的产值较大。园区需要有展示中医药文化的大型场馆，如文化博物馆、文化传播中心、文化广场、文化走廊等。园区中医药健康服务要素齐全，如中医药健康服务体验区、休闲度假区、中药种植观赏区、中医药修学区、养生旅游区、中医体检咨询区、中医养老区、饮食药膳区等，形成一个文化韵味浓厚、各种产业聚合、综合功能广泛的大型中医药健康服务平台。

2. 特色养生服务模式

特色养生服务一般占地面积较少，可提供的中医药健康服务范围相对较小，服务品种较为单一，可以是一种，也可以是数种相加，让自身特色鲜明，专业特长突出。在设计服务项目时，既要显示与其相关的中医药文化源流，适当点缀文化小品，也要充分展示中医药精湛的服务技术，以及令消费者满意的健康产品。该模式有许多项目，如药材种植系列、中药观赏系列、按摩松身系列、拔罐刮痧系列、运动拳操系列、静坐站桩系列、中药沐浴系列、美容护肤系列、药膳食补系列、体质干预系列、心理怡养系列等，形成一个以养生保健为主要内容，文化氛围浓厚，专业性较强，服务周到的小型中医药健康服务实体。

3. 历史文化弘扬模式

历史文化弘扬必须依托我国现存的中医药历史遗迹或非物质文化传统医药遗产，在发掘保护的基础上进行扩充和拓展，更好地整理利用文化，传承传播文化。以中医药文化古迹遗产为基点进行辐射，设计相关的中医药健康服务项目，争取专项经费资助，带动相关项目投资，要与旅游、农业、信息、媒体等行业紧密合作，开发相关服务产品，促进经济发展。历史文化弘扬场所可以是一个点，也可以几个点连成一条线或数个点组成一个群，形成一个以中医药文化保护为基础，以中医药健康服务为主体，文化传承和产业发展同步推进的独特中医药健康服务基地。

四、结合当前形势，探讨模式价值

2016 年 12 月 17 日，第五届国家中医药改革发展上海论坛在上海举行。论坛主题聚焦中医药健康养生文化的"创造性转化、创新性发展"。我们认为，该模式响应了政府发展中医药健康服务业的号召，可以为中医药健康服务业的相关政策在具体实施时提供指导帮助，有助于其落实到位。

在社会效益方面，服务模式以中医药健康服务内容为基础，以中医药文化传承为主线，充分将中医药文化融入到产业发展中，使民众在享用中医药健康服务时受到中医药文化的熏陶，从而增强对中医药的认可和信任度，有助于中医药文化的弘扬和中医药事业的发展。同时，这也为中医药健康养生文化"双创"的实现提供了切实可行的方法，做到与时代对接，与受众共鸣。

在经济效益方面，构建融合文化传承和产业发展的中医药健康服务模式，以文化为先导，以实体为依托，在传播中医药文化的同时，也可以带动民众的消费，有助于开发新的经济增长点，引导经济增长新趋势，可以促进我国产业转型升级，推动经济高质量发展。

五、 深入实地考察，探索模式落地

2016—2019 年，我们对浙江省内的 40 余家中医药健康服务业态进行了实地走访、考察调研，发现构想的 3 种中医药健康服务模式在具体落地实施时各有特点。综合产业园区模式多以中医药特色小镇的形式呈现，特色养生服务模式主要集中在中药材种植的产业里，历史文化弘扬模式则以中医药特色街区或中医药博物馆为主。每种模式中的每个中医药健康服务产业均有自己的文化亮点和产业特色，并没有千篇一律，更不会如出一辙。诸如宁波市慈溪鸣鹤古镇的国药文化、宁海葛洪养生小镇的葛洪养生文化、安吉县圣氏 167 养生密码园的竹文化、金华市锦林佛手文化园的佛手文化、杭州市清河坊历史街区的老字号中医药堂馆文化，以及新昌县天姥中医博物馆的中医药收藏文化等等，中医药文化形式多样，中医药产业内容精彩纷呈。这种构建中医药健康服务模式的做法以文化铸魂，为产业添翼，达到文化传承与产业发展相互融合、同步推进的态势，或将成为未来中医药健康服务业发展的方向，值得进一步研究。

综合产业园区

宁波市慈溪鸣鹤古镇

业态概况

　　慈溪鸣鹤古镇位于宁波市慈溪市鸣鹤上林湖省级风景名胜区，是浙江省历史文化保护单位、省历史文化村、省中医药文化养生旅游示范基地，素有"鹤皋风景赛姑苏"的美誉。鸣鹤古镇兼具山水和历史人文资源，至今已有1400多年历史。古镇规划总占地面积约40平方千米。境内现有28个古迹和34个景点，古建筑

总量有 40 幢之多。结合景区实际，明确了古镇的四界范围：东靠五磊山，西依
栲栳山，南至岭下王家，北接禹皇路（329 国道辅道）。核心范围：东临罗鸣公
路（外杜湖），西依白洋湖，南至白洋湖，北接鸣兴西路，面积为 2 平方千米。

说起国药，无法避开鸣鹤。
据《慈溪县志》记载，鸣鹤居民
十之八九外出经商，江浙一带均
有鸣鹤人涉足，尤以国药业著名。
鸣鹤古镇在明清以来就是中国国
药业的发源地，从鸣鹤古镇走出
去了一家家名震全国的著名国药
号，有"国药人才集浙江，浙江
有慈溪，慈溪首推鸣鹤场"之说。现在古镇以国药文化为灵魂，以休闲养生为依托，
打造集"生态观光、人文居住、文化体验"为一体的"江南首座休闲养生山水古镇"。

产业特色

鸣鹤古镇的业态布局包括专业医疗、特色养生、休闲文化三大功能板块，总
投资约 1 亿元。

专业医疗板块主要包括上海国医馆鸣鹤分馆、海派名医工作室等。其中，上
海国医馆鸣鹤分馆营业面积 1200 平方米，总投资 1500 万元，引入上海近百名老
中医专家坐堂门诊，开展中医诊疗、养生保健咨询等服务。海派名医工作室由上海华山医院著名中西医结合专家等坐诊，投资 500 万元，包括名医展示馆、疑难病会诊室等设施，并挂牌为慈溪市的糖尿病、肿瘤防治研究中心。

特色养生板块主要包括银号客栈、五方大同养生体验馆、仿古四合院、韩裕和源药材行。其中，银号客栈投资1500万元，在古镇内代表性古宅之一的银号楼开发建设，定位为具有养生保健功能的高端古宅精品客栈。五方大同养生体验馆投资1000万元，设立在古镇内代表性古宅之一的小五房，开展茶道、香道、琴艺、辟谷、禅修等特色养生项目。仿古四合院投资1300万元，利用衙门路新建而成，已引进枕湖人家客栈、沉香客栈、当归客栈等，满足游憩者休闲小住需求。韩裕和源药材行是百年老字号，现由上海高学经济发展公司和上海群力草药店合作恢复，集鸣鹤国医国药历史文化展览、中医药材配售、中医药茶保健等功能于一体。

休闲文化板块主要有艺术家创意养生基地以及福苑茶馆、国药茶馆、幽若咖啡、那里、卡拉利斯休闲咖啡广场等。艺术家创意养生基地有投资2000余万元的寿鹤青瓷文化创意园、与宁波医学高等专科学校合作的宁波帮国药文化研究所基地、陆英剑画家工作室、虞世南书画院创作中心、桐庐黄公望画院写生基地、浙美画院工作室、伽影坊瑜伽工作室，可以通过艺术创作、文化感悟、休闲游憩达到修养心身健康的目的。

根据鸣鹤古镇客源市场调查分析，鸣鹤古镇2015年、2016年旅游人次达到110万人次、120万人次。2017年，游客数量持续增加。这3年鸣鹤古镇旅游人均消费水平分别达到200元、250元和300元，旅游业直接收入分别达到2.2亿元、3亿元和3.9亿元。旅游间接收入若按1∶4.5系数算，则收入分别为9.9亿元、13.5亿元、17.55亿元，由此可见，旅游经济效益显著。

文化亮点

鸣鹤古镇是一个山水和人文资源俱佳、生态和生活基础兼备的富有历史感小镇，是集"古、寺、山、湖、水"于一体的重要风景旅游区。社会各界普遍认为，古镇具有较高的历史文化价值、中医药价值与美学价值。为了增强人文风情的展示及文化的传承，小镇实施了五项措施。一是定期推出系列活动，集中向游客展示青山绿水、养生休闲的国药古镇。围绕该主题，旅游区在不同时期针对各个群体，推出了各种活动，增强景区与游客的互动体验。二是针对从鸣鹤出去的国药品牌老字号，古镇举办"国药老字号鸣鹤寻根之旅"吸引全国各地多家国药老字号来支持和参加，共同探寻老字号的历史渊源，探讨中药业的发展前景。三是每年举办全民"养生旅游节"，该活动已顺利举办了多届，且会持续传承下去。四是在中国传统节日期间，融合古镇特色举办"全民饮茶日""青瓷文化节""风筝节""寻年味""包粽子""七夕相亲"等活动。五是保留传统的特色工艺，如手工年糕、拉糖球、打麻糍、剪纸、编竹篮等。

金华市磐安江南药镇

业态概况

磐安江南药镇位于磐安新城区，距离磐安县城约 10 千米，紧靠诸永高速磐安出入口，建设中的金台铁路和杭温高铁分列药镇两翼。磐安是"中国药材之乡"，大盘山自然保护区则是全国唯一以中药材种质资源为主要保护对象的国家级自然保护区。2015 年 6 月，江南药镇被列入浙江省首批 37 个省级特色小镇创建对象之一，是全省唯一以中药材历史经典产业为依托的特色小镇。江南药镇规划面积 3.9 平方千米，核心区块 1 平方千米，总投资 30 亿元以上，打造成省内一流、全国闻名的药材天地、医

疗高地、养生福地、旅游胜地和 3A 级以上旅游景区。目前，95 家中医药相关企业已入驻药镇，开发使用面积 2000 余亩。2018 年底，完成固定资产投资 29.53 亿元（特色产业投资 18.96 亿元），2016 年、2017 年连续两年荣获省特色小镇考核优秀成绩，也是金华市唯一的优秀小镇。

产业特色

江南药镇规划建设国药文化城（养生博览馆）、浙中影创园、康体养生园、药文化公园等一批重点项目，确定总体空间布局具有"一核三区多点"的特点。一核即中药商贸养生休闲核心，是重点建设项目集中区域，也是中药"产、游、休、学、研"的重要空间载体；三区即协调区、主题区、产业区；多点即药文化园、"浙八味"药材城、养生博览馆、中医院、康体养生园、国药文化城、浙中影创、药都故里、中高端养老社区、中药材产业园、中药材主题公园、中药研发园等。

目前，全县种植中药材8万余亩，"浙八味"中白术、元胡、玄参、贝母、白芍主产自磐安，俗称"磐五味"。而江南药镇的所在地新渥街道全年种植中药材1万亩以上，户均种植1.73亩，建有GAP基地2个，拥有药材生产专业村7个，种植大户650户，"户户种药材，村村闻药香"，是药镇独有的一道风景线。境内的"浙八味"药材城，投资7.5亿元，建筑面积28.8万平方米，是目前华东地区规模最大、设施最先进的中药材交易市场，是第二批省现代服务业集聚示范区，2018年的市场交易额达30亿元。其中，浙贝的销量占全国三分之二以上，元胡的销量为全国之最。由此浙八味药材城的价格成为全国十七大药市的"晴雨表"。

江南药镇以中药文化为魂，充分挖掘中医养生文化内涵，将中药文化元素与旅游、文化产业相融合，建成"中药养生大道"和药文化创意主题公园，实现了药镇文化价值到生活价值的转变，形成了"串点连线、连线成片""药在景中，景在镇中"的整体效果。建成了中药材博览馆、萧统文化广场、悬壶济世广场、

磐五味文化柱公园、中药文化展示馆，在挖掘磐安中药历史文化的同时，深入挖掘其药食同源、健康保健、养生养老、药膳食疗等科学特性，衍生出中医药养生保健体验游，打响了磐安药膳的品牌。药膳进医院、进社区，让药膳馆遍布全国各地，"游药园，观药景、逛药市、吃药膳、品药茶"让药镇游客累计达 300 万人次。

文化亮点

磐安江南药镇的中药材种植、加工、炮制等具有悠久的历史沉淀，形成了独特的中药文化，磐安"磐五味"的中药材加工技艺被确定为浙江省第五批非物质文化遗产。位于江南药镇核心区块（现规划药文化园）的翠峰寺遗址亦体现了中药文化的源远流长。据古籍所载，翠峰古刹建于唐代广明二年（881），宋元明时有寺宇百余间，寺僧 40 余人，曾为闽浙名刹之一。东晋道学家、养生家葛洪曾居于勺（今大盘山）一带采药种药，取灵山（又名翠峰山）之龙珠炼丹济人，

磐安人民为纪念葛洪的功绩，尊之为药宗之一，在白云山顶炼丹处立庙塑像纪念；南梁萧统为避谗隐于大盘山，在此种药制药炼丹，为当地山农治病，云游翠峰山，开启了这一带人民认识中药材，规模种植、驯化中药材的先河，磐安人民在大盘山青龙头建造昭明院，尊其为"盘山圣帝"；宋越国公卢琰，为江南"九支卢"之鼻祖，其在翠峰山种药济民，建塾廷师，以德化人，赋《灵山八景诗》之《古寺晨钟》等千古绝唱。

江南药镇定期举办药博会和论坛，目前已举办了以"振兴中药产业、建设江南药镇"等为主题的十二届中国磐安中药材博览会和江南药镇论坛、中药寻宝国际越野公开赛，以及中华药膳烹饪大赛等20余项重大文化交流活动。

金华市义乌森山健康小镇

业态概况

义乌森山健康小镇，位于浙江省腹地义乌经济开发区，北依四海大道，南靠义亭镇，东侧临新规划的南北向铜山路。2小时车程范围涵盖浙江绝大部分城市，2小时高铁圈涵盖江浙沪主流发达城市，同时距离义乌机场仅15千米，距离横店约40千米；已规划在小镇北侧高铁线设置义乌西站，在小镇南侧义亭镇上设置金华至义乌并连接横店的城际轻轨线路并设置轻轨站点。

义乌森山健康小镇位于金华市域最重要的绿廊内，南部为形态优美的山体，中部为形如佛手五指的深塘水库，西北部主要为种植田地，东南角为香火旺盛的铜山禅寺，整体形成自然环境优越的山—水—田—寺大格局。项目规划范围36364平方千米，原有5个自然村，面积128平方千米。规划城市建设用地10157平方千米，其中：居住用地（养老社区）2553平

方千米、公共管理与公
共服务用地 902 平方千
米、商业服务业设施用
地 1603 平方千米、工
业用地 2067 平方千米、
道路与交通设施用地
1465 平方千米、公用设
施用地 7 平方千米、绿
地及广场用地 1560 平

方千米。规划其他建设用地 1334 平方千米，规划非建设用地 248.73 公顷，其中，
农林用地 14824 平方千米、水域 10049 平方千米。

产业特色

　　"森山健康小镇"计划总投资 51.8 亿元，占地面积达 6115 亩 (其中铜山路
西侧大地块 5455 亩，铜山路东侧小地块 660 亩)。小镇将按"一轴三带七区"进
行产业布局，即以"一切为大众健康服务"为"轴"，集大健康产业、金融业、
大网络产业为"三带"，以活力游乐区、食养农业区、石斛智造区、健康养老区、
山地休闲养生区、传统文化区、水上游览区为"七区"，通过依托得天独厚的地
理环境、自然资源以及产业基础，运用大数据、云计算、物联网等新技术推动互

联网与健康的跨界融合，建立"生
态旅游＋健康""互联网＋健康"
相互支撑的产业融合发展体系。
建成后，它将成为生活、生产与
生态融合、美丽和谐智慧的新型
现代化特色小镇。

　　活力游乐区：占地面积约

4990 平方千米，主要包括旅游接待服务中心、国色天香园、空中休闲廊道、美食水街、演艺广场、水秀喷泉、亲子乐园、水上游乐园、金沙滩以及游船码头等。

食养农业区：占地面积约 9831 平方千米，主要包括中国铁皮枫斗地理公园（4400 平方千米）、百草园、石斛博物馆、养生文化公园等，现状村庄改造成农耕文化旅游点。

石斛智造区：占地面积约 3745 平方千米，主要包括森山科研院、森山管理和营运中心、森山创客基地、森山网商中心、森山铁皮枫斗制造基地和物流基地、石斛延伸产品生产基地、国际石斛学术交流博览会永久会址、国际石斛产业研发推广基地、国家林业局铁皮石斛工程中心、铁皮石斛与珍稀药植产品展示与体验中心、石斛公园以及森山专家和职工生活基地等。

健康养老区：占地面积约 4822 平方千米，主要包括养老基地、上医一条街、国际康复医院、抗衰老中心、精品酒店以及森山书院等。

山地休闲养生区：占地面积约 5020 平方千米，主要包括森山温泉谷、山地度假酒店、森山茶楼等。

传统文化区：占地面积约 1920 平方千米，主要包括铜山禅寺、孝文化公园、国学馆等。

水上游览区：水域游览面积约 9430 平方千米，设置若干游船码头，游船画舫游弋湖面，形成水上游线，连接各功能区块。

文化亮点

森山健康小镇以"中国森山·健康小镇"为形象定位，以特色农业休闲体验、智慧工厂、旅游文化、养生养老、服务平台为五个发展驱动，坚持产业、文化、旅游三位一体和生产、生活、生态三生融合发展，集"养生、养老、养心、

养性、养德"的"五养公社"的智慧健康产业高地、生态休闲养生基地。

铁皮石斛，是森山健康小镇的特色原点和建设起点，具有"智造"、健康和审美三重价值。在"智造"价值上，通过科研和生产，小镇形成线上线下以及衍生产品完整的石斛"智造"产业链。在健康价值上，挖掘养生理念，分别发展并形成中医药健康养生产业、健康养老产业和食养农业产业。在审美价值上，挖掘中医药文化和山水田园游览体验内涵，形成大健康旅游产业和大健康文化产业。由此，森山健康小镇形成"一大特色""三大价值"和"六大产业"的规划建设体系。

健康休闲旅游、慢生活体验是森山小镇的最大特色。项目分成静态旅游和动态旅游两大区域。游客从主入口进入，通过内部主通道，达到各个旅游功能区，最后回到入口广场。项目形成七大主题游，包括健康活力游、生态农业游、石斛为特色的中医药文化游、宗教祈福游、山地休闲游、水上观光游等。

宁波市宁海葛洪养生小镇

业态概况

宁海葛洪养生小镇位于全国重点镇、国家级生态镇、省级中心镇——宁海县岔路镇，紧邻国家级 4A 景区前童古镇。岔路镇位于宁海县西南，辖区面积 108 平方千米，人口 2.8 万，每年接待游客近 18 万人次。小镇为宁波市 1 小时经济区范围，沈海高速同三线、省道甬临线穿越南北，小镇设有宁海南高速进出口。

葛洪养生小镇规划面积 3.9 平方千米（含水系 0.8 平方千米），其中建设用地符合土地利用总体规划面积 1 平方千米，建设用地面积 1418 亩。

岔路镇作为国家级生态镇，自然生态资源条件优越，拥有"清清白溪水，悠悠王爱山"两大宝贵的生态资源，境内山环水润。浙东大峡谷幽深秀丽，水碧山青；台岳东门——王爱山古迹林立，风光旖旎；宁海五大溪流之首——白溪，自西北向东横贯全境。得天独厚的山水生态资源，不仅是美丽宜居的天然氧吧，也为发展健康养生产业提供了良好的基础条件。

产业特色

宁海葛洪养生小镇以浙东大峡谷、台岳东门王爱山、山洋革命老区为依托，以文化旅游产业、休闲养生产业为主导，提供"游、食、宿、娱、购"一条龙服务，凸显"文、旅、养"三位一体个性化发展，构建"一长廊、一精品、四线游、多节点"的空间布局，打造以"文化旅游、运动旅游、体验旅游、养生旅游"为特色的旅游小镇。小镇的业态布局包括葛洪文化板块、养生养老板块、生态旅游板块、运动休闲板块四大板块，拟定总投资约47.07亿元。

葛洪文化板块以湖头村为中心，创建中国传统村落，建设葛洪文化馆、打造葛洪文化园、举办"葛洪文化节"等途径，打造葛洪文化民俗村，丰富葛洪养生文化内涵，以葛洪文化为引领推动养生小镇建设。

养生养老板块主要包括上金国际养生住宅区项目，总投资7亿元，位于岔路镇白溪北岸，建设用地面积157亩；滴水湾度假综合体项目，总投资7亿元，位于天河村东侧，白溪北岸，建设用地面积145亩；九亲堂国家级养生示范基地项目总投资15亿元，建筑用地面积100亩。

图名：重点项目布局图

生态旅游板块依托白溪水库和浙东大峡谷景区，吸引庞大的游客群，打响岔路生态旅游品牌。同时，在白溪周边村庄依靠沿溪自然景观，打造多种形态的养生型民宿。配套建设总投资约 6.5 亿元。

运动休闲板块依照"以线串点"的思路，整合王爱山的自然景观、霞客遗迹、农业园区等，围绕房车基地、露营基地、山地自行车道等休闲运动主题，打造"王爱霞客国家山地公园"。

文化亮点

岔路镇历史人文积淀比较深厚，是葛洪养生文化的发源地。葛洪是东晋道教学者、医药学家，曾入选影响中国历史一百位人物之一。我国著名药学家屠呦呦喜获诺贝尔生理学与医学奖后，葛洪是她要感谢的三个人之一，因为屠呦呦研发青蒿素是从葛洪的《肘后备急方》中得到启发的。目前，岔路镇通过梳理汇总葛洪的医学文化、道家文化、化学研究等各方面的成就，结合当地修行遗址，建成了中国葛洪文化宁海县纪念馆。除葛洪养生文化之外，岔路镇还拥有徐霞客旅游文化、红色革命文化、慈孝文化等独特而深厚的历史文化资源。

小镇定期举办"葛洪文化节""王爱踏春节""王

爱金桃节"、重大传统节庆等活动，弘扬葛洪文化，宣传地方特色农产品，引导民众关注养生；每年举办山地马拉松大赛，依托王爱山的自然环境，建造房车基地、露营基地、山地自行车道，打造以休闲运动为主题的养生基地，让民众积极参与运动、追求健康的生活方式，做深做透"大健康""大养生"文章。

莫干山郡安里度假区

业态概况

　　莫干山郡安里度假区位于德清县莫干山脚下，交通十分便利，距离莫干山旅游集散（换乘）中心直线距离约 900 米，步行约 10 分钟，距莫干山景区 1.5 千米。由 09 省道和三莫线可分别自南坡和东坡进入景区中心，距德清县城 17 千米，杭州 60 千米，上海 200 千米，南京 280 千米。104 国道、杭宁高速公路、宣杭铁路均从山麓经过。郡安里旅游度假区占地 1800 亩，其中建设用地约 92 亩，区域

走势为山体坡地，对应水库湖心向心；地表状况为自然植被覆盖，中心水库水体面积约 8000 平方米；土壤状况多为山石岩层、岩性土；全区域森林植被覆盖，并穿插有少量经济林；呈北亚热带季风气候，常年为四季分明，光照充足，雨量充沛，温度湿润。

莫干山郡安里度假区作为莫干山目前体量最大的旅游度假综合体社区，源于一个仅有 40 间客房的民宿。2016 年，出于对莫干山的桑梓之情，郡安里对园区进行了并购，并邀请了知名环境规划设计机构 EDSA Orient 为园区进行整体规划。由于郡安里规模较大，每部分邀请不同的建筑师来设计，呈现不同的特色，这是郡安里希望带给人们独特体验的一种方式。设计师设计的不同建筑都因地制宜，根据不同的地理风貌考虑最小的破坏，同时考虑当地取材，并以融入整体规划设计为导向展开，养生健康文化以郡安里为载体，开展交流。

产业特色

莫干山郡安里度假区全园区被纳入庾村国际级 4A 级旅游景区，总投资 8 亿元，规划建设中医药馆，陈列中药材标本，展示中药饮片、中药配方颗粒及生产工艺，传授中医养生保健方法和辨识真伪劣珍稀中药材，打造集中医药康复理疗、养生保健、文化体验于一体的中医药健康旅游。入住郡安里的游客，可根据自身生活状态、压力、情绪、饮食习惯选择不同的中医药健康养身项目，放松心情，沉浸在竹、石、水之间。

郡安里度假区应用传统的中医技术和现代体验技术打造健康平衡的度假体验。在资源浴的基础上实施健康疗养管理，阳光浴、汤池浴、山水自然浴，融合东方中医哲理与西方医学技术，发展身、心、灵合一的全新度假潮流。

疗养管理模式引入全程健康咨询的专业服务，咨询师依据中西体检报告制定个性化的健康疗程。专业健康团队提供全程健康咨询和针对性的服务。深化健康主题，将购物、餐饮、住宿、运动围绕中药健康养身平衡主题

进行配置。专业的健康咨询师根据个人的体力、压力和心理状况将餐饮、运动、娱乐融入日常疗程中。从在秀丽山水之间散步或打太极拳开始，做冥想、清晨瑜伽和伸展训练，吃健康早餐（无油、无盐、无糖），参与水上有氧运动、心肺锻炼以及其他课程，打造独特的核心设施及多样的健康疗法，塑造区域主题和核心竞争力。

核心内容包括：中医健康检查、诊断和个人健康咨询；中医健康饮食；中医医学疗法理疗；中医功法和体验活动（太极功法）；中医课程和教育；SPA 理疗中心、特色水疗服务。

核心设施包括：Discovery 探索极限基地；各区域特色餐厅；主题会所；马厩马场；茶艺体验；儿童教育活动中心；陶艺工坊；养生讲堂、汉医馆、理疗中心、SPA 中心、健康呵护中心、理疗房、医疗咨询房、运动房、瑜伽和太极平台、图书馆、工艺美术室。

文化亮点

郡安里现已形成"山间艺术课堂"体系，为住店客户提供小班化的课程服务，并将郡安里中医药文化导入课程。以"植物课堂"为例，园区特聘请中医药学专家进行授课，授课走出课堂，利用郡安里山间野生中医草药进行专业讲解授课，带领学员采集草药，进行艺术创作，创作完成作品学员可自行带回，进行中医药

文化的二次传播。与"植物课堂"类似，传播传统中医药文化的课程还有"传统国学课""花草茶教学课程""插画课程"等。园区以课程为载体，在丰富了园区客人生活的同时，向来自世界各地的游客进行中医药文化传播。

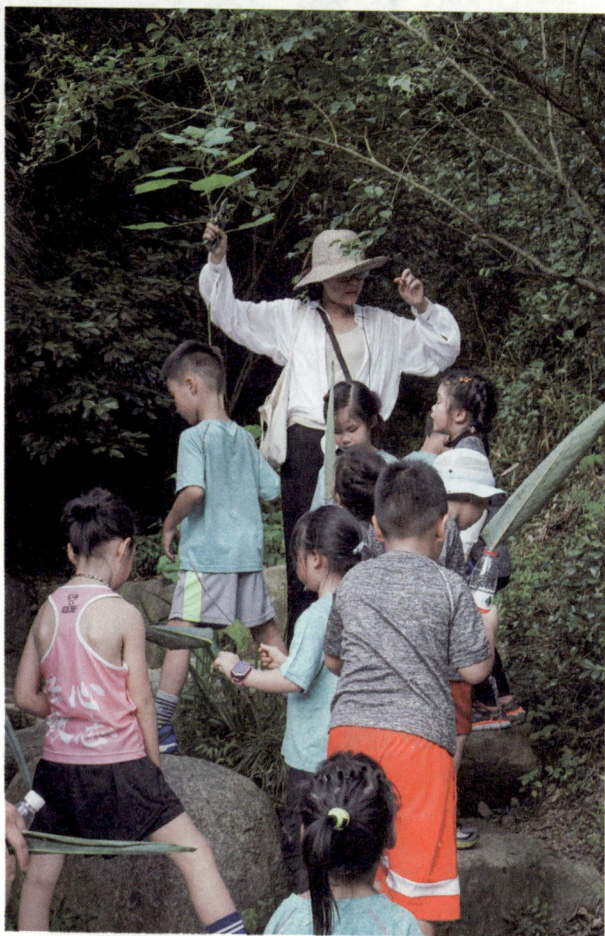

江南养生文化村

业态概况

江南养生文化村处于国家 5A 级景区杭州桐庐大奇山国家森林公园区域，毗邻城市中央商务区（CBD），享受主城区配套施设服务；森林覆盖率达 80% 以上，一年中空气质量优良天数达到或优于二级标准的天数足有 340 天以上，$PM_{2.5}$ 浓度年均值低于 35，负离子浓度 2578 个 / 立方厘米；真正做到"离尘不离城"，是颇佳的休闲疗养度假胜地。桐庐县富春山健康城管委会在县政府的大力支持下，产业空间布局升级为"一城四区"，呈现"3+1"产业发展体系，具体为运动休闲康体区、生命科技产业区、中医健康养生区、高铁综合功能区，而江南养生文化村正处于核心区块"中医健康养生区"中。

江南养生文化村占地 120 亩，水面与山林用地 100 亩，合计 220 亩。整个县城对外主要交通干道都设在健康城区域范围内，走杭千高速到杭州只需 45 分钟；

杭黄高铁已于 2018 年 12 月开通，到杭州主城区只要 37 分钟，到上海、南京也仅需 1.5 个小时，与杭州、上海的同城效益得到充分体现。这也为江南养生文化村的康养旅游产业发展提供很大的推进作用。

产业特色

江南养生文化村计划总投资 1.4135 亿元，在一期建设基本完成并投入运营后，江南养生文化村的康养结合、养生长寿服务的经营模式，得到有关领导、行业专家的关注与支持。一期规划项目，在不破坏整体山、水、景的前提下，顺利完成了 6500 平方米的国医馆诊疗、500 多平方米睡眠中心、900 多平方米的胸外科康复中心的建设，同时，较完备地配置了自产、进口设备。一期青蜓菁舍度假中心近 20000 平方米也已完成投入使用，有星级配套的旅居用房 60 套、在建用房 60 套、长住康养用房 30 套，同时配有图书馆、瑜伽馆、多功能厅、健康房等。二期项目于 2019 年施工建设，预计 2022 年竣工投入运营使用。

2016 年，江南养生文化村取得了"浙江省中医药文化养生旅游示范基地"的荣誉称号。经过两年多的建设与运营，公司在中医药医疗、特色体检、个性化健康服务、康养旅居等方面进行了全方位的提升，从标准化建设、人员优化整合、

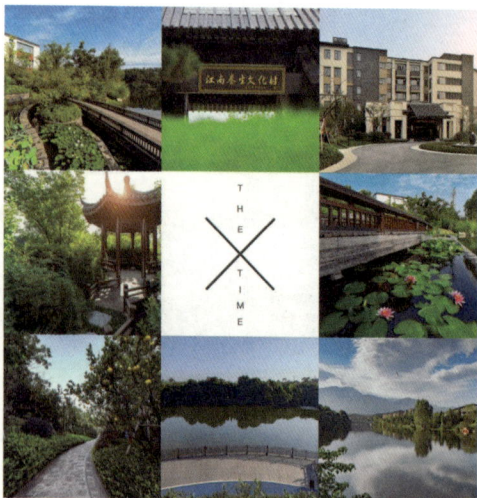

配套完善、对内对外的资源组合等出发，充分发挥环境、地理位置、医疗资源、设备设施、配套建设的优势，为前来康养旅居、长寿养生等人群提供服务。

青蜓菁舍度假中心：拥有 60 套 38—85 平方米的享有一线湖景、精致园景的清新活力风格的客房，内设标准双床房、标准套房、家庭套房、庭院套房、湖景套房多款房型，满足

全家度假休闲，并提供涵盖衣、食、住、行、娱、教、游等全方位的生活服务。所有客房均采用绿色环保设计，从自然、色调、香氛、湿度、光线等方面营造健康居住环境。

江南·友伴长住颐养公寓 & 友伴健康促进大学：江南·友伴长住颐养公寓以"租金趸交＋年健康管理服务费"的收费模式，为退休后的精致健康生活人群提供多样化的颐养服务和社区服务，实施长期化健康管理促进服务。友伴健康涵盖生活类（物业家政）、社交类（社区活动）、健康管理类（健管医疗）等多项内容。

江南国医馆：以传统中医为特色的一级综合医疗机构，拥有名医专家团队、先进的医疗设备、舒适的诊疗环境以及人性化服务模式。设有中医科、急诊科、内科、外科、妇科、肿瘤康复科、睡眠科、耳鼻喉科等科室。现已开通杭州地区医保服务。

江南鼎泰健康管理中心：采用标准国际心脑血管疾病康复系统，通过收集12000 项身体数据全面了解客户的身体信息，做出准确的诊断和评估，为客户提供国际标准的心脑血管疾病健康管理和康复治疗的服务。

江南睡眠及心理管理中心：拥有 5 个符合国际标准的睡眠监测室及 1 个监控室，可对睡眠障碍者进行检查评估，并采用非药物的手段调理和改善睡眠质量。

江南传统与现代康复中心：将中医"治未病"的养生理念与现代健康管理方式相结合，通过针、砭、灸、摩等方法，配合中药泡浴、精油等方式改善健康状况。

俞梦孙院士工作站暨人民健康系统工程远程会诊及数据中心：人民健康系统工程用从定性到定量的综合集成方法，认识人生命运动规律；通过尊重和顺应人

与环境自然协调的规律途径，以恢复和增强人的自组织功能，维持和提升人体整体稳态水平为主要目标，用工程化、规模化手段，达到群体化维护健康、适应环境、祛除疾患。

文化亮点

人民健康系统工程结合中国传统道家养生理念，落地研发并在实施过程中不断优化综合健康促进系统。实现从"医院—健康管理中心—社区"的延续而又全面的养老服务，保障老人的健康与生活质量，提高老人的满意度。为保障顶层研发、服务成果转化，突破养老服务中的人员不足及服务标准化缺失的两大壁垒，提出"用人企业、高等院校、中职学校"三元耦合，为健康养老提供理论设计、培训场地、人才输出、交流平台。以保障老年人健康为宗旨，以培养养老服务人才为方法，树立"专业化、优质化、国际化"服务理念，创造老年人健康和谐的生活环境。友伴健康推动大学定期组织日常健身、娱乐、艺术欣赏、保健知识等丰富多彩的课程及活动，此外，还有师承世界级瑜伽大师 Yogi Buddhi Prakash 的印度瑜伽大师 Manoj Yogi（中文名马诺奇）带领习练印度传统瑜伽，为追求身心健康的旅游度假者提供放松而积聚能量的假期体验，获得更优质的健康生活方式。

嘉兴云澜湾甜蜜小镇

业态概况

云澜湾在嘉兴市嘉善县 13 平方千米的大云省级旅游度假区，周边环境条件优越。紧邻西塘古镇，景区位于嘉善县城中心东南 10 千米，离嘉善高铁南站 5 千米，离沪杭高速公路出口 3 千米。离上海、杭州、苏州等都在 100 千米范围内，是长三角协同发展的核心地域。现以温泉养生度假为主，逐步向教育研学、文化艺术、生命康养拓展。驱车进入云澜湾，一路是不断变幻的水乡风情画，香甜的空气和自然景色让灵魂浪漫飞翔。

云澜湾投资主体是私有资本，以文化旅游企业的经营模式运行，政府主要在某些扶持项目上予以支持，归口文化旅游管理部门管理。云澜湾总占地面积 1300 亩，员工人数 400 人。依托独有的温泉资源，与希尔顿酒店强强联手，投资 20 亿元，温泉养生度假综合体集温泉游乐、五星级度假酒店、养生居住、康体运动、温泉乐活产业园于一体，可游、可赏、可享、可居、可业，长三角生态环境美、配套功能全、定位高端。

产业特色

云澜湾甜蜜小镇以温泉养生为主，综合发展休闲旅游、康养保健、旅行与住宿餐饮相融合的一体化产业。

云澜湾温泉小镇核心——云澜湾温泉中心由迪拜帆船酒店缔造者英国阿特金斯原创设计，以两座盛开莲花的古井为主体。"云澜湾温泉"与历史悠久的"幽澜泉"相呼应，寓意"冷热双泉，'井'上添花"；外形复刻西方奢美，内以双扇穹顶、水云纹饰、四柱莲花底座等东方传统风雅涵之，东情西韵，延古续今。整个中心总建筑面积 30000 多平方米，以"三星九区六十汤"为特色，由室外园林温泉与室内丰富的"吃喝玩乐购"等休闲配套组成，是一个"四季全天候运营"的多形态艺术主题温泉综合体。云澜湾双莲温泉的温泉水来自于 2000 多米的奥陶岩层，

矿物质丰富。其中的"六合养生区"和"八卦木桶区"是最受秋冬养生爱好者欢迎的。"六合养生区"由 6 个特色陶罐组成，分别具有静心养气、舒筋活骨、散血化瘀等不同功效。而"八卦木桶区"是结合五行八卦，依据五行养生理论，

采用甘草、白术、枇杷叶等五味中草药精心配制而成的。同时，在该区域配有一名养生专家，可根据泡汤者的体质需要，指导其进行合适的"五行泡"。

室内配套有网吧、书吧、休闲吧、休息包间、足疗包间、健身房、台球室、乒乓球室、儿童娱乐房等康体娱乐休闲区域，更有近30间泰式、中式等不同风格的 SPA 养生室。

泓庐 SPA 精品酒店以有机、健康、营养的养生套餐为主，有花宴、甲鱼等高端招牌菜品和当地粉蒸肉、白丝鱼、老鸭煲等特色美食。综合菜品涵盖全国八大菜系，并顺应四时，达到"春养肝气，夏养心气，秋养肺气，冬养肾气"的四季养生效果。泓庐 SPA 精品酒店作为全球奢华精品酒店之一，酒店融合了亚洲传统及地域特色，提供一个能够让人身心完全放松的优雅浪漫空间。标准客房、VIP 客房、情侣套房、温泉套房和五道园温泉别墅，不同标准的布置风格、空间布局和景观营造，满足不同人士的入住需求；花园早餐厅，给人清晨带去别样的体验。

云澜湾甜蜜小镇处于快速发展期，以提供温泉养生为主体，联合泓庐 SPA 精品酒店，打造四季花海、运动休闲公园、无边泳池等，带动小镇内餐饮、旅游、康养、住宿经济的发展。据财务经济效益指数分析，目前已处于微利润期，今后将重点发展中医健康养生、康养保健等，融入更多中医传统特色养生服务模式，实现小镇的综合化立体化发展。

文化亮点

云澜湾地处善文化深厚的嘉善水乡，是善学思想大家袁了凡的故乡。云澜湾建有了凡书院、美术馆、文化广场和非物质文化遗产手工体验等设施，旨在传承

与弘扬传统文化，特别是有地方特点的善文化。中医药传统文化传播主要以学生研学体验为脉络，从田间中草药种植、加工炮制到中草药食用保健的认知与体验。云澜湾为全面做好学生研学活动，组织编写了《中小学生研学实践教育课程——中医药温泉文化》，让学生从理论到实践都能够获得较为全面的感知和体验。

松阳县云顶仙坑源国际人文生态养生度假村

业态概况

浙江省丽水市松阳县斋坛乡吊坛村，建立于明末清初，距今已有 500 余年的历史；海拔 625 米，地处斋坛乡西部，距乡政府 10 千米，是斋坛乡三个山区村之一，拥有人口 175 人，耕地面积 176 亩；拥有天然山泉，环境湿润通风，山林古树密布，日夜温差大，远离污染。云顶仙坑源国际人文养生度假村规划总面积 3426 亩，涉及周边山林、田园等区域，对国家级原始古村落——吊坛村进行保护性开发。松阳县内以公路交通为主，大部分是盘山道，一面是高山，一面是峭壁，环山蜿蜒而上，中途可观松阳全貌。

云顶仙坑源国际人文养生度假村以打造大健康为主题，是艾灸地球村国内首个实体落地村落，推崇"三养一防"的自然养生理念。通过自身的建设和主题的打造，2018 年，云顶仙坑源国际人文养生度假村在浙江省文化和旅游厅、浙江省卫生健康委员会、浙江省农业农村厅、浙江省中医药管理局四部门的共同考核下被评定为"2018 年浙江省中医药文化养生旅游示范基地"，成为松阳县首家经省四部门联合认定的从事中医药文化养生旅游的示范企业。

产业特色

云顶仙坑源国际人文养生度假村资源丰富，人文生态景观独特，产业特色明显，是以人文康养为立意的新民宿组织，以打造松阳本土特色及兼具符合现代化高品质的新乡村健康生活为建设引导，倡导"三养一防"的理念。其中，"三养"即食养、医养、心养；"一防"为小病不出门，中病不出村，大病提前防。度假村产业布局主要包括特色养生、休闲文化、中草药种植三大板块，总投

资1.29亿元。

特色养生板块主要包括山养餐厅、阳光艾灸房、禅修能量房、森林氧吧等。"民以食为天，食以鲜为贵，食以安为先"，山养餐厅提供绿色无污染的食材，且配有营养药膳套餐。阳光艾灸房位于村庄的斜后方，是安静修养的绝佳场所。云顶仙坑源度假村还规划设计了"禧灸堂"古法温灸养生。以艾灸为主，结合多种中医外治法，调理人体的亚健康状态，可以在舒适的氛围中享受传统中医艾灸带来的健康感受。"禧灸堂"养生基地有专属的培训学校"佰会堂"和专业的艾灸团队。

休闲文化板块主要有多功能会议厅、晴耕雨读书吧、夜隐酒吧/西餐厅、乡土作坊、农事体验区、农产品购物区等。夜隐酒吧/西餐厅的墙外立面盖有青瓦，内有超清大屏、全天音响设备，大面积运用玻璃与木头将自然景观引入室内，与自然无限接

近，简单大气的木质吊顶，复古精美的桌椅，将欧式复古风体现的淋漓尽致。酒吧二楼是多功能厅，客人既能愉悦地唱歌，又能在此开会，举办活动。

吊坛村依托其天然的山泉，湿润通风的环境，古树密布的山林，远离污染的独特自然环境，与吊坛村的股份经济合作社合作成立松阳县吊坛集体经济发展有限公司。该公司主要负责中草药种植，对吊坛村的荒田、废地进行开发；并聘请农业科技人员进行土地酸碱度测试，选择适合种植的名贵中草药，再提供药材种子和专业的人士指导村民种植；加强与村民的合作，提高吊坛村的经济收益，也提升度假村整体经济效益。

云顶仙坑源国际人文养生度假村以民宿为主体，以单体酒店为核算主体，民宿、艾灸、意大利原装红酒、农副产品为主营业务，经济效益来源主要有餐饮收入、精品民宿收入、旅游服务收入、国学交流培训收入、旅游商品收入等。

文化亮点

　　吊坛村有着山村独有的悠闲诗意，生态环境美好，古朴的传统民居建筑风貌依存。吊坛村的村中古树成群，特别是世界上公认濒临灭绝的天然珍稀抗癌植物——南方红豆杉尤为突出。村中有浙江省境内目前发现最大的"千年红豆杉王"。度假村注重"天人合一，道法自然"的康养原则，在农村古村落中提供动静结合、练养相兼的自然内容。作为传统农业乡村，吊坛村在历史发展过程中，形成了独特的乡土文化与生存智慧。吊坛村有舞龙灯、采茶灯、十二生肖彩灯、桂花亭表演、制作麦杆扇、制作缸窑、制作端午茶等民间非遗和民间手工艺；合理利用现有资源，主办"中医药康养新模式，休闲农旅新生活"主题民宿论坛，扩大中医康养的影响范围，延承中医药康养文化；开设艺术家工作室，邀请"张明中国画高级研学基地"挂牌落户，将美丽的古村落注入更美的中国文化元素，用绘画艺术来丰富古村的文化内涵。

特色养生服务

衢州仙霞湖休闲养生生态科技园

业态概况

衢州仙霞湖休闲养生生态科技园位于衢州市衢江区南部岭洋乡严博村，地处乌溪江库区仙霞湖腹地，境内湖面开阔，山峰奇秀。岭洋乡东与举村乡相连，南与遂昌县西坂乡接壤，西与江山市塘源口乡毗邻，北靠湖南镇。仙霞湖群山环抱，交通可以由山路、水路直达，过湖南镇—举村乡—严博村，或过湖南镇—岭洋乡—洋口村转水路至严博村，湖光山色，一路景色迷人。衢州仙霞湖休闲养生生态科技园于 2018 年被评为浙江省中医药文化养生旅游示范基地，距离市区 60 千米，占地面积 8000 余亩，其中拥有中药材基地 3000 余亩。

衢州仙霞湖休闲养生生态科技园主要由浙江辉煌集团有限公司投资建设，该公司创办于 1977 年，注册资本 1000 万元。下属宇光炭业、中硅电子、严博养生园、生态农场、尚恩旅游等 10 余家企业，总资产 13 亿元，现有员工 600 余名。

公司多年来注重社会公益事业，通过光伏、农业精准扶贫，使一大批贫困户脱贫致富。公司先后被评为"国家绿色之星"、全国农产品金奖、浙江省绿色产品基地、浙江省林业龙头企业、衢州市农业龙头企业，并获得多项科技成果奖及林业绿色特色基地建设一等奖等荣誉称号。

产业特色

衢州仙霞湖休闲养生生态科技园依托产业主要以种植业、林业为主，特产有茶、板栗、苦丁茶、笋干、野菜系列、茶油、鱼干等。毛竹、茶叶、板栗、食用菌、中草药为农业五大支柱产业。

科技园的中草药种植产业是其作为中医药健康服务业的特色产业。园中种植的中药品种有厚朴、山栀花、三叶青、覆盆子、红豆杉、铁皮石斛等数十余种。园区将充分利用中药材基地优势，提供膳食养生、养生药酒等服务，并融入射击运动、休闲垂钓、木屋度假，使户外运动和休闲养生充分结合，走出一条集生态产业和休闲旅游为一体的"中药材＋产业""中药材＋农业""中药材＋健康旅游"的发展之路。

科技园将充分挖掘该地区自然风光与人文景观相得益彰之优势，加大休闲旅游资源的开发力度，积极探索发展第三产业，继续深入实施林区道路建设，加大中药材基地建设，

组建中药材、食用菌等专业经济合作组织。

文化亮点

衢州仙霞湖休闲养生生态科技园本着立足科技、追求卓越、回报社会的企业理念，发扬"敬业、合作、务实、创新"的企业精神，实施"高效、绿色、环保、精品"的品牌战略，大力发展绿色新能源与中药材种植业、林业、渔业、旅游业相结合，延长公司产业链，提升产品附加值，实现社会效益、经济效益、生态效益三丰收。

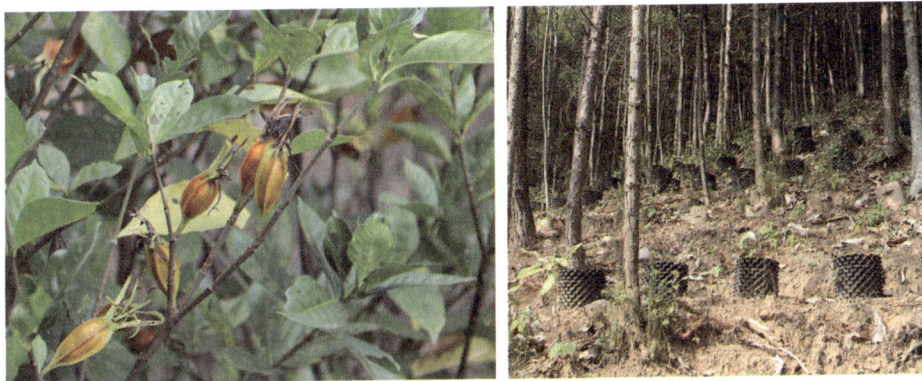

通过生态科技园区建设，打造药膳体验区，以寓教于乐的形式科普、宣传中医药文化知识，以中医药药膳品尝体验为手段，提升人们对药膳养生的认知度、认可度和知名度。种植中药材、发展旅游观光、体验药膳，不仅可以丰富中医药养生的形式，还能贯穿整个产业链，实现园区有序良好发展。

湖州埭溪驾云山休闲观光园

业态概况

　　湖州埭溪驾云山休闲观光园是集餐饮、休闲、娱乐为一体的综合性景区，地处天目山脉和杭嘉湖平原过渡地带，依山傍水，兼有山区与平原的双重景观。湖州埭溪驾云山休闲观光园位于湖州驾云山大森林景区内，距离萧山国际机场89千米，约2小时车程；距离长深高速埭溪收费站约12千米，约17分钟车程；距离埭溪汽车站约8千米，约10分钟车程。游客驾车可以从妙新线到104国道的延伸段到达景区入口。通景道路平整，护坡良好，桥涵完整。通景道路沿线路面及两侧干净完整，绿化率高，景观优美。

湖州埭溪驾云山休闲观光园自2012年完成土地流转后，经过4年的基础建设，投入的建设资金累计达到近3000万元，主要用于景区林区保护性改造、景区山林道路建设、游客接待设施、场地器材、工作人员培训。园区于2016年开始对外运营，经过这些年的经营，从传统的风景旅游逐渐转型为健康体育休闲度假型旅游，在湖州旅游景区中走出了自己的特色。2018年，湖州埭溪驾云山休闲观光园陆续被评为国家3A级旅游景区、湖州体育产业联合会副理事长单位、湖州市中小学研学基地、湖州市总工会职工疗休养基地等等。

产业特色

湖州埭溪驾云山休闲观光园在不破坏生态环境的基础下对景区进行规划建设，以绿色、生态为主题，倡导原生态，发展健康养生旅游产业；其功能定位主要以养生保健、健康旅游为主，融合了旅游、农业、养老、保健、餐饮等产业。园区自2016年对外营业以来，经过不断地创新发展，现从传统的风景旅游逐渐转型为健康体育休闲度假型旅游。目前景区有徒步越野、全地形越野车、射箭、

汽车越野、拓展团建、游船、烧烤等一系列运动休闲项目，主要接待游客以长三角周边地区人群为主。园区对山道进行了修缮，设置多条线路，满足徒步及越野车项目的需求。

文化亮点

湖州埭溪驾云山休闲观光园依山傍水，兼有山区与平原的双重景观。群山之中有千年古刹一座，始建于唐宋，毁于元末，清嘉庆年间得以重建，抗战期间被毁。现庙基尚存，据史书记载该寺原名为"驾云寺"。现还有两石碑尚存，一碑于 2000 年冬出土，为"重建驾云寺碑记"，邑人潘鹭撰并书。得名于"驾云寺"，"驾云山庄"在此建立。驾云山境内遍地修竹、奇峰怪石、小桥流水，在这里可以肆意享受大自然的恩惠。

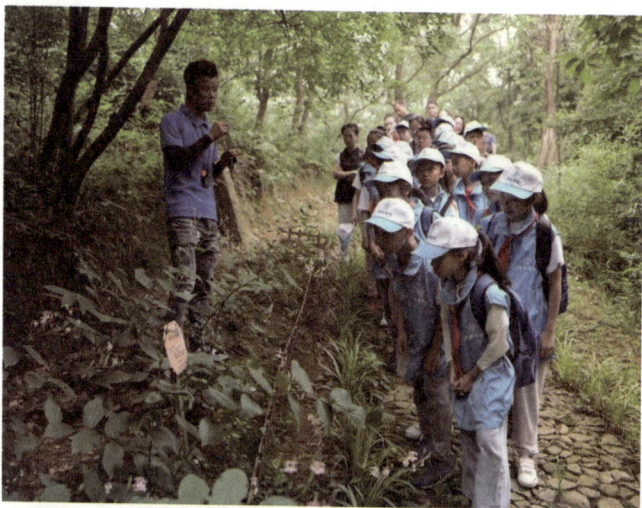

湖州埭溪驾云山休闲观光园凭借自身优越的条件，积极开展各类研学活动，组织中小学生进入园区，参观学习中草药，实地了解中草药的生长习性，并配备专业的讲解员进行讲解，延伸课堂，拓展知识面。

宁波香泉湾山庄

业态概况

宁波香泉湾山庄位于宁波市余姚四明山区的鹿亭乡境内，距宁波市区约 40 千米，距余姚市区约 30 千米。邻近的中村村被评为中国最美休闲乡村。山庄内海拔 350 米左右，山上竹木耸翠，植被丰富，阳光充足，雨量充沛，空气清新，负离子含量高达 10000 以上，$PM_{2.5}$ 常年在 50 以内，是适合度假养生的天然氧吧。景区占地面积 105 亩，建筑面积 8000 多平方米。

宁波香泉湾山庄致力于打造以铁皮石斛为主线，以仙草、养身、修心为主题，

以铁皮石斛培育种植为基础，以度假休闲旅游为平台，以铁皮石斛深加工为最终目标的休闲旅游观光景区。宁波香泉湾山庄于 2012 年底开始规划设计，经过近两年多的筹建，在 2014 年 5 月开始试营业，于 2015 年 5 月 9 日正式营业。香泉湾集住、吃、游、玩于一体，并有九大仙草之首的野生铁皮石斛，是休闲养生、旅游度假的绝妙去处。

产业特色

宁波香泉湾山庄是以铁皮石斛培育种植为基础、以度假休闲旅游为平台、以铁皮石斛深加工为最终目标的度假山庄。山庄内有仙草林、百年枣树林、观景平台、高山瀑布、仙草馆、五福堂、游步道等景点，还有 10 余个果园采摘体验项目。仙草馆内有石斛 50 多种，有金线莲、银线莲、黄精、金蝉花等中草药。山庄内有供游客参观、选购的中医养生植物展示厅和游客服务咨询中心。山庄内客房风雅别致，菜品风味独具特色，以新鲜的铁皮石斛为首，结合本地山珍时鲜，开发了诸多特色菜，滋补养生，风味独特，深受游客喜爱。

此外，公司在香泉湾投资 8000 万元配套建设了生态观光酒店。2015 年，香泉湾公司被余姚市总工会授予"余姚市职工（劳模）疗休养基地"，同时被评为全国农业休闲与乡村旅游五星级企业、浙江省中医药文化养生旅游示范基地；2017 年，被宁波市总工会、宁波市旅游局授予"宁波市职工疗休养推介

基地"；2018 年，香泉湾被宁波市花级酒店评定委员会评为"四花级酒店"；且被纳入宁波市 2018—2019 年度行政事业单位会议培训定点单位。

文化亮点

作为塑香泉湾旅游特色品牌，为促进鹿亭旅游产业健康有序发展，提高香泉湾旅游度假村以铁皮石斛为代表的系列养生产品的美誉度，香泉湾山庄在每年的 6 月份都会举办以"养生、感恩"为主题的"鹿亭香泉湾石斛花养生文化节"。在积极倡导健康养生理念的同时，弘扬石斛花"父亲之花"的文化内涵，结合父亲节倡导敬老爱老的慈孝文化，传递社会正能量。

山庄在石斛花养生文化节期间，举办象棋名人邀请赛、主题摄影大赛颁奖典礼、夏日赏花品花和香泉湾亲子美食节等一系列活动，以铁皮石斛为媒介，让更

多的人了解到传统中医药养生文化的内涵和魅力，塑造"和谐自然、生态健康"的主题形象。山庄于 2015 年 9—10 月相继增加了铁皮石斛博览馆，该馆内收集了国内外 70 多种铁皮石斛，集科普教育和观光于一体，能让更多的游客了解中医药养生文化。

　　香泉湾优美的自然环境，吸引了《白云桥》、《星际三炮》、中央电视台少儿频道《异想天开》节目组前来取景拍摄。香泉湾于 2014、2015、2016 年连续 3 年举办"快乐两轮·运动鹿亭"自行车赛；2015 年成功举办了"2015 世界旅游小姐金色使者"中国总决赛。香泉湾还是世界旅游小姐金色使者国学养生指定基地、北京星宇华夏影视拍摄公司拍摄基地，被中国县市传媒新闻摄影学会纳入创作基地。

上虞东山湖中医药文化养生旅游基地

业态概况

上虞东山湖中医药文化养生旅游基地位于绍兴市上虞区梁湖街道南穴村，占地面积 1000 亩，投资金额 2000 万元，建设时间为 2017—2020 年，以自营的方式经营。基地距上虞市区 5 千米，距省会城市杭州 70 千米，距东方大港宁波 60 千米，距杭州国际机场仅 30 分钟的车程。区内位置优越，交通便利，绍嘉跨江大桥和高速铁路从旁经过，在上海的 1 小时经济圈范围里。

上虞东山湖中医药文化养生旅游基地由浙江春晖集团有限公司独资创办，该公司创立于 2000 年，注册资本为 11800 万元。该旅游基地由绍兴市上虞区马岙湖特色生态农业发展有限公司组织实施。2018 年，基地被评为浙江省中医药文化养生旅游示范基地。

产业特色

上虞东山湖中医药文化养生旅游基地产业主要依托种植业，基地内人工种植的名贵道地中药材 500 亩以上，共有 12 个品种，非人工种植的中药材自然资源面积 200 亩以上。基地依托东山湖景区的优势，不久将打造成为一个集观光休闲、运动拓展、会务培训、餐饮住宿于一体且有着深厚历史文化底蕴的中医药文化养生旅游景区。东山湖中医药文化养生旅游基地以发展中医药生态经济、弘扬虞医文化为重点，打造具有上虞特色的中医药健康旅游品牌。

文化亮点

上虞东山湖中医药文化养生旅游基地致力于打造一个极具中医药特色的度假区。基地依靠东山湖得天独厚的自然风光，提供中医药生态旅游自然景区，同时在采摘的季节开展采摘活动，让游客们不仅能欣赏到大自然的美丽，也能体验到采摘的乐趣。

上虞东山湖中医药文化养生旅游基地内种植了 500 余种名贵中药材。为全面展示中医药文化，基地设立了百草堂——药材展示中心。

新昌世豪中医药文化养生旅游基地

业态概况

新昌世豪中医药文化养生旅游基地位于绍兴市新昌县羽林街道三合村，距县城5千米，总面积约530亩，自2013年7月以来总投资约5000万元，由源于清代、具有百年历史的新昌"张氏伤科"第四代传人张孟超院长领衔建设。基地交通便捷，上三高速、104国道，直达新昌，未来有杭绍台、金甬高速铁路经过。县内乘"新昌—三合"公交车直达基地。基地处于新昌城北台地，阡陌交通，乡村风光优美，紧邻527省道（规划建设中），附近有104国道。

世豪中医药文化养生旅游基地主要由世豪中医药文化有限公司创建。该公司成立于 2015 年，注册资本为 1500 万元，目前在册员工数 58 人。2017 年 12 月，

基地被省旅游局、省卫计委、省农业厅、省中医药管理局评为浙江省中医药文化养生旅游示范基地。自 2018 年 4 月以来，基地连续 2 年成功举办"新昌县中医药养生文化旅游节"活动，受到上级领导和社会各界人士的一致好评。截至 2019 年 8 月 30 日，基地共接待游客约 15 万人次。2018 年，世豪中医药文化有限公司销售总收入为 120 万元。

产业特色

世豪中医药文化养生旅游基地通过中医药材产业、西药产业齐头并进、相得益彰，竭力构建"一馆一厅五园"工程，目前正与新昌制药、新和成、京新药业等多家制药上市公司一道共同携手打造"药谷小镇"，成为"药谷小镇"建设的重要板块。

"一馆一厅五园"主要包括：①中医药陈列馆，由中医文化厅、中药文化厅、标本展示厅 3 部分组成，已成为帮助公众学习了解中医药知识，提升科学素质的

重要科普阵地；②药膳餐厅，以药膳理念，打造养生文化；③太极八卦园占地面积约 3 亩，内设有休闲养生区域；④南药园，占地面积约 3600 平方米，主要种植沉香、槟榔、胖大海、檀香、滇南美登木、黄檀、花梨木、

滇桐等 300 多种中药材；⑤百草园，占地面积约 3 亩，是浙江境内较大的一个以中草药种植为特色，以自然山景为依托的种植园；⑥中草药种植园，主要种植浙八味（延胡索、温郁金、杭白菊、白术、玄参、杭白勺、浙贝母、杭白芷）、牡丹皮、玉竹、黄精、石斛、丹参、杜仲、黄栀子、金银花、太子参、百合、桔梗等 40 余种中草药植物；⑦果蔬园，总占地面积为 250 余亩，其中水果种植 200 亩。

世豪中医药文化养生旅游基地现有芍药花 100 亩，白术 50 亩。白术是该县著名的特产中药材，是著名的"浙八味"之一，素有"北参南术"之称。基地开发的白术膏，深受广大用户喜爱。同时，基地积极开展中草药深加工，年生产、销售白术膏 1000 万瓶，可带动新昌 2 万亩白术种植产业，增加白术种植用户年收入 3 亿元。同时，还生产阿胶糕、野生黄芪、野生肉苁蓉和芍药花膏等其他中医药保健品。世豪中医药文化养生旅游基地依托深厚的中医文化底蕴，把新昌全域旅游与中医药文化进行有机结合，这是中医药文化的延伸和旅游业的拓展，也是一个探索性新型旅游项目。

文化亮点

世豪中医药文化养生旅游基地以"弘扬中医文化，传承国药精粹"为宗旨，以"中医药养生"为核心，积极构建集中医药养生体验、中药材种植、文化展示、休闲观光、科普体验、教育科研、主题疗养度假、

健康产品开发于一体的中医药主题养生旅游示范基地。其推出食养、药养、行养、静养、神养等一系列中医药养生服务，以达到保养、调养、颐养生命，实现人类健康、长寿的目的。人们在感受到深厚的中医药文化知识的同时，享中医健康养生，食中医药膳，饮中医养生膏方，真正实现中医健康养生一条龙服务。

　　依托"张氏伤科"浓厚的中医药文化底蕴，世豪中医药文化养生旅游基地大力宣传中医药文化，使中医药文化惠民覆盖面不断扩大，已经成为县内外有名的中医药科普基地。截至目前，基地共接待3000余名中小学生进行研学实践活动。通过讲解中医药发展历史、赏析各类中药材标本、识别各类百草及南方珍贵中药材等实践方式，让普及中医药理论知识成为看得见、行得通、有效果的实践操作，让学生们对传统的中医药文化产生浓厚的兴趣，为他们树立正确健康的养生观，从而实现传播中医文化、传授中医理念、普惠广大百姓的目标。

安吉县圣氏 167 养生密码园

业态概况

安吉县圣氏 167 养生密码园位于湖州市安吉县递铺镇康山工业园区内。递铺镇三面环山，地势呈南向北递减之势，东临湖州德清，南接杭州余杭、临安，西与孝丰相邻，北与安吉溪龙、高禹接壤。递铺镇风景优美，气候宜人，四季分明，自然资源丰富。安吉县圣氏 167 养生密码园在 2014 年被评为浙江省工业旅游示范基地，在 2015 年被评为浙江省中医药文化养生旅游示范基地，在 2018 年被评为浙江科普教育基地，在 2019 年被评为浙江省中小学生质量教育实践基地。

安吉县圣氏 167 养生密码园主要由浙江圣氏生物科技有限公司投资建设。该公司注册资本 5000 万元，占地面积 80 亩，投资 1 亿元，于 2014 年 12 月建成，现有员工 178 人，年产值约 1.2 亿元。该公司在从事天然中药材植物的研发、生产和销售的同时，依托安吉丰富的旅游资源，将现代养生理念与传统中医药文化相结合，集中医药文化、科普教育与休闲健康旅游于一体，建成中医药健康体验基地——圣氏 167 养生密码园。该密码园作为浙江省工业旅游示范基地、浙江省科普教育基地，是"圣氏"由区域品牌向全国品牌迈进的一个新起点。圣氏生物作为全国首个竹健康养生体验馆，是圣氏为传承中华文化所做出的贡献，承载了中华几千年的竹健康文明史，将为弘扬中华竹文化而发挥重要的作用。

产业特色

安吉县圣氏 167 养生密码园以药材种植、中药观赏、药膳食补、科普教育、产品销售、养生培训、知识传播等方式展现产业特色。

圣氏生物紧紧围绕"竹"进行产品研发，形成了以"竹叶黄酮"为核心的产品，包括以"竹叶提取物"为代表的百余种植物提取物原料产品，以"竹康宁"胶囊为代表的保健健康产品，以"个个健"淡竹叶饮料为代表的饮料产品等。该系列产品自上市以来广受顾客好评和喜爱。

圣氏生物大力发展以"竹叶黄酮"为主线形成的养生旅游项目"圣氏167养生密码园"。该园包含1500平方米的生态养生餐厅，5500平方米的药食两用植物园，长达200多米的中草药植物提取和竹叶黄酮饮料生产参观通道，3000多平方米的企业研究院以及近5000平方米的室内科技馆，为公众提供了一个全面的竹文化科普与健康体验基地。从竹叶黄酮到百余个天然提取物的研发生产，从淡竹叶饮料到多个系列健康产品的面世，从产品纯生产加工到工业旅游参观及综合健康养生服务，圣氏生物一路走来，始终不忘弘扬实干创未来的企业精神，秉承科技、创享、价值的企业理念，不断进行技术升级，以实现天然植物的高效利用和深度转化，服务于人类健康的伟大事业。

文化亮点

科技馆内设有展示区与体验区。在展示区，馆内设有与竹相关的中医药养生保健知识的展示墙；放置了利用高科技方法提取的中药浓缩颗粒的玻璃瓶，每种中药都配以图文说明其药用价值。在体验区，馆内摆设了各种中药茶饮和养生粉等养生保健产品，并设立了养生面膜及竹叶黄酮手工皂、精油、护手霜等的DIY活动，让游客们充分领略到中医药的神奇魅力。

此外，馆内还设有养生保健大讲堂，经常邀请国家级、省级名中医和知名专家前来开展中医药保健知识科普讲座。科技馆外还设有养生餐厅，邀请上海中科院、浙江省中药研究所、浙江省中医药研究院等知名中医药专家担任顾问，配置了诸如养胃的小米桂鱼汤、增强免疫的竹荪土鸡煲、美味可口的补气黄芪河虾、健脾开胃的桂花山药这几类色香味俱全又具有很好的养生保健功效的药膳，吸引了上海、江苏、浙江、

四川等地游客前来品尝，已成为当地著名的旅游餐饮场所。

科技馆门外5500余平方米的药食两用中药材种植基地里，枸杞、黄精、白及、白毛夏枯草、七叶一枝花、薄荷、百合、芍药等近百种药用植物郁郁葱葱，尤其到了花季，铁皮石斛、桔梗、凹叶景天、犁头草、芍药等争相斗艳。在绿色环境中了解中药材外形及其药用价值，是圣氏为中小学和社会大众普及中医药知识所做的贡献。

桐乡市缘缘食用花卉专业合作社

业态概况

　　桐乡市缘缘食用花卉专业合作社位于著名漫画家丰子恺先生的故乡——嘉兴市桐乡市石门镇。石门镇形成于春秋时期，距今已有 2500 多年历史，属于良渚文化的遗址之一。因其得天独厚的气候和地理条件，石门又称杭白菊之乡。石门镇毗邻梧桐街道、龙翔街道、凤鸣街道、乌镇镇、崇福镇、河山镇、湖州市。京杭大运河穿越整个镇区，桐晚公路（桐乡至晚村）横贯全境。石门镇依山傍水，景色宜人，交通便利。

桐乡市缘缘食用花卉专业合作社成立于 2004 年，现有社员 109 名，注册资金 50.8 万元，加工、生产车间和管理用房及仓库、冷库 22000 多平方米，是桐乡市、嘉兴市、浙江省乃至全国的示范性加工合作社，注册商标"缘缘"。2017 年 6 月底，合作社的"桐乡杭白菊"作为浙江省五个代表之一的地理标志产品，参展了由国家工商总局和世界知识产权组织在江苏扬州联合举办的 2017 年世界地理标志大会。

产业特色

桐乡市缘缘食用花卉专业合作社主要从事杭白菊及食用花卉的种植、收购、加工、销售。合作社现有的白马塘杭白菊种植基地菊香园，占地面积 200 亩，是"绿色、生态、高效"的杭白菊标准化生产示范基地，是杭白菊原产地浙江省桐乡市杭白菊种植面积最大，规划、设施最完整、先进的基地。周边树木成林、郁郁葱葱，

没有污染源，土壤、水源、空气符合国家各级检验机构检测要求。

为发展第三产业，让旅游和文化产业更好地结合，合作社改造并新建了中国杭白菊科技馆（馆内配套显示大屏等全套智能设备）、门楼（原生态木质门楼）、

竹篱笆（围绕整个基地，达到"采菊东篱下"的意境）、道路（水泥浇制，宽阔、平整）等一系列设施，使整个基地更加美丽、生态、规范。同时，在菊香园基地的西南角配套了停车场、宣传栏、标志牌、产品展示台、导览图等一系列方便游客的设施，可供游客休闲娱乐，具备了年可接待省内外旅游观光客10万多人次的能力。

文化亮点

桐乡市缘缘食用花卉专业合作社本着发展和传播杭白菊文化的理念，让来到合作社的游客能够全方位地了解杭白菊的文化，完善了中国杭白菊科技馆内的配套设施，让游客可以在观赏杭白菊的基础上，辨认杭白菊的优劣和品种，采摘杭白菊，参观杭白菊的烘制过程和品尝杭白菊花茶。在科技馆外还有池塘、柳树、菊神亭等，阵阵悠风吹来，让人乐不思蜀。

桐乡市缘缘食用花卉专业合作社内设有菊香园。该园早在 2013 年就被评定为"浙江省生态文明教育基地"，近期更是入选浙江省第一批"最美赏花胜地"。在每年 10—11 月杭白菊采收期间，菊香园将会开展各式各样的特色活动，例如：嘉兴市内学校曾多次组织学生来到菊香园基地秋游观赏学习；福严禅寺曾举办禅茶与桐乡杭白菊对接等系列活动，讲解茶经，发扬茶文化；浙江省内近百位摄影大咖在桐乡市旅游委员会、杭州市拱墅区摄影家协会、浙江经济广播电台的组织下，来到菊香园基地摄影采风；来自周边省市一大批自驾游游客来基地游玩、参观等等。菊香园基地自开办以来，多位领导曾前来观光指导。此外，菊香园还将与政府、学校和媒体等合作，开展一系列药食文化活动，比如药膳食补系列、产品销售系列、杭白菊知识传播系列等。

金华市锦林佛手文化园

业态概况

金华市锦林佛手文化园位于中国佛手之乡的金华市金东区赤松镇。该镇西靠婺城区，东临曹宅镇，北与兰溪市马涧镇毗邻，南接东孝街道。文化园离金华东高速路口仅1千米，旅游资源丰富，交通便利。金华市锦林佛手文化园为金华市首家全国休闲农业与乡村旅游示范点、国家4A级旅游景区、全国休闲农业与乡村旅游五星级企业、浙江省中医药文化养生旅游示范基地、国家林业特色种苗基地，是金华创意农业、特色农业和农旅结合的典范。

金华市锦林佛手文化园主要由浙江锦林佛手有限公司创建。该公司成立于 2001 年 3 月，注册资金 500 万元，是浙江省现代两区农业精品园创建点之一。公司现有 300 亩旅游养生基地，其中，现代化佛手种植基地 200 亩，用于中医药文化宣传和展示的中草药种植品种达 50 种以上；佛手养生馆 600 平方米。景区共划分佛手文化展示区、现代农业观光区、农产品展销区、休闲娱乐区等区域。

产业特色

金华市锦林佛手文化园以佛手产业为依托，结合古建筑文化和田园休闲，开辟了一种"休闲＋趣味＋养生＋教育"的模式，丰富了人们在闲暇时间的生活内容，增加了人们对养生康乐的兴趣，使人们从康乐中感受身心舒畅。美丽花海、金佛手、老船木和浪漫情人桥交织成一曲浪漫的田园牧歌。同时，文化园也积极探索"中药＋休闲＋养生＋教育"的新道路，走出一条具有鲜明特色的发展之路。

金华市锦林佛手文化园针对佛手植物药用功能，建立了以佛手养生为主的佛手体验馆、现代佛手种植观光区、以佛手药用价值为主的中药教学馆，还专门成立新品牌"婺小礼"，深度开发佛手作为中医药植物的衍生应用。目前，文化园结合金华佛手传统应用，已开发佛手系列产品。其中，佛手丝、佛手雪梨膏、佛手蜜炼枇杷膏、佛手蜜，深受用户喜爱，在止咳化痰、润肺润喉方面的效果明显。为扩大佛手的应用，文化园已陆续开发出佛手唇膏、精油膏、除臭抗菌喷雾、手工皂等纯植物系列产品。下一步文化园将会加大佛手药用功效的深度开发，为日常生活、养生保健提供健康有效的植物产品，对佛手植物药用功效进行进一步的深度开发与利用。

文化亮点

　　金华市锦林佛手文化园是以发扬和传播佛手文化为核心。据史料记载，佛手栽培史始于北宋，距今已有近 1000 年的历史。现在已有共识，金佛手是金华的一张名片，因为她成熟后金黄颜色，把佛手指朝下，犹如"金字塔"的造型，这里就有了金华的"金"字；把佛手指朝上，犹如

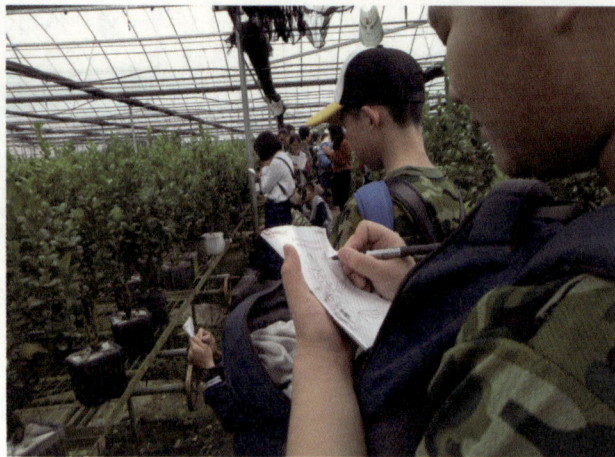

熊熊燃烧的火炬而"华"光四射，这样就有了"华"字。自古以来，佛手就深受文人墨客的喜爱，以佛手入画、入诗的作品数不胜数。可以说，金佛手是金华的结晶，佛手文化是金华的亮点。

锦林佛手文化园为弘扬这一文化：一是设立了佛手文化展示区，配备佛手养生馆、佛手书画院、佛文化禅修舍，让游客们在参观游玩的同时更好地了解佛手文化的前世今生；二是设立了现代农业观光区，以现代科技种植为主，游客可参观学习金华佛手无土栽培种植流程、智能化种植中心，了解佛手的生长习性，以及参观立体水培蔬菜、四季花海等；三是举办各种围绕佛手文化的活动，如亲手制作佛手香袋等。

衢州龙游天池药谷

业态概况

衢州龙游天池药谷位于浙江省衢州市龙游县横山镇天池村。横山镇，东邻兰溪诸葛八卦村 4 千米、北接建德千岛湖 25 千米、南距著名景点龙游石窟 28 千米，目前正在打造的4A 级景区在"天池山"脚下；该地块位于衢州、杭州、金华 3 市交界处；周边有 21 省道、杭新景高速、320 国道、351 国道；距杭州市区 31 分钟，正在建设中的"杭衢高铁"沿"天池山"谷而过，地理位置优越；具有地理标志富硒区块，是发展"医养结合"康养产业的优势区块。

衢州龙游天池药谷主要由浙江龙游再生方药材发展有限公司投资建设。该公司成立于 2017 年，注册资本为 5000 万元。天池药谷基地核心位置是天池荷花国家 3A 级景区核心，是浙江省农家乐集聚村、第二批民俗文化旅游村。全村环境优美，绿树环抱，自然旅游景观丰富。幽谧的天池山，风光旖旎的杨垄水库，千亩白莲基地翠绿的荷叶和绽放的荷花将天池村环抱，与漂亮整齐的现代化建筑和保存完好的古建筑三槐堂、关西世家、三异堂及廻源始祖王烽墓、茶岭古道等人文景观相得益彰，彰显着天池这个古村落的悠久历史和美丽乡村建设的和谐统一。

产业特色

衢州天池药谷围绕"打造中医药精品，建设魅力新天池，共创康养产业园"的愿景，大力发展中医药种植，深入挖掘自然风光、文化底蕴、民俗风情等资源优势，以文旅融合促进全域旅游，建设康养文化产业园，全力推进休闲旅游工作升级跨越。

大力发展中医药种植业，中药文化产业园基地流转土地 3000 亩，主要以新老"浙八味"种植为主，成立"浙八味"药材研、种、炮、销的产业联盟体系，建立以"基地＋农户"的模式，拓展再生方中药种植的发展，并且涉及 10 余种浙产中药材规范化种植及道地野生品种驯化。

创建提升重点区块，利用各种中草药不同的花期，与天池千亩荷花形成互补，达到全年四季花海的盛况；重点打造"百药园"项目，种植各类中草药百余种，修缮游步道、渠道等；打造集回归自然、体验民俗、休闲度假、感受中医药文化康养为一体的旅游目的地，在创收的同时融合规范化种植、教育、保护、观光等，着力打造休闲旅游养生线。围绕健康休闲、绿色生态、乡村旅游等重点领域，用足、用好横山自然资源。结合民俗节影视剧的拍摄，打造影视拍摄基地、房车露营基地、户外骑行路线等。

鼓励村集体经济合作社发展旅游经济，继续扩大产业园知名度和影响力。举办各类社会团队、协会活动，对接旅行社等；鼓励村集体经济合作村参与园区旅游服务，打响富硒农产品品牌，深挖特色小吃

文化，及各类租赁活动。通过一系列活动，带活村集体旅游副业经济发展，带动农产品销售，增加农民旅游收入。

文化亮点

衢州天池药谷设立中医药博物馆。该博物馆将以中药标本展示、现场解说、真伪比较、中医体验、购物等方式多方位、多角度地展示中医药文化的悠久历史和巨大成就，增进人们对中医药的全面了解和正确认识，推动中医药知识的普及，促进人们树立科学的养生观念和"治未病"的理念。

衢州天池药谷凭借自身的优势，借助现代网络，开展了空中课堂活动。在线教学让人们学习中药更加方便，实现随时随地了解中药、学习中药。同时，定期与周边中小学校合作，开展实地教学，带领同学们参观中草药科普园，使他们更加深入、直观地了解学习中药的生长习性，真正做到了将教学与玩乐融合于一体。

杭州千岛湖逸之园

业态概况

杭州千岛湖逸之园坐落于杭州市淳安县千岛湖畔的风情小镇姜家镇石颜村，山清水秀，绿色和谐。石颜村北靠银峰村，南接赤城村，西交浪川乡，东南与黄村桥村接壤，风景优美，景色宜人。其独特的地理环境，为这个美丽的小山村增添了几分神秘的色彩。杭州千岛湖逸之园面积为 140 亩，设置大棚 80 亩，主要种植铁皮石斛、巴西人参、猕猴桃、水蜜桃等。

杭州千岛湖逸之园主要由杭州千岛湖逸之园生物科技有限公司投资建设。该公司创办于 2011 年 3 月，注册资金 1000 万元，是一家集名贵中草药材（铁皮石斛、巴西人参、黄精、覆盆子、白及、黑老虎、三叶木通）等种植、销售和技术服务为一体的生物科技型企业，目前拥有员工 15 名，其中，高科技人才 3 名，管理层 4 名，本科以上文凭为 3 人，专科 2 名，主要对铁皮石斛进行科研和培育。公司基地以得天独厚的自然气候条件，造就了优良品质，这里山水环境独特，加之生长季节管理者大胆创新，在无膜自然条件下培育石斛，保持了石斛的原生态品质，使石斛多糖和碱含量远超行业标准。公司以质量是企业的生存之本，诚信是企业的发展之路为管理宗旨，在生产中严格按有机安全生产标准管理，在市场上赢得了良好的声誉。2015 年，杭州千岛湖逸之园被评为浙江省现代农业中药材生态种植精品园。同年，被杭州市评为铁皮石斛标准化示范基地。

产业特色

杭州千岛湖逸之园从做优特色产业出发，以农业为长期发展的主导产业，主要种植铁皮石斛、巴西人参、猕猴桃、水蜜桃等。为实现产业更大、更优地发展，公司目前从两点出发：一是脱离初级农产品的发展模式，延伸农业产业链条；二是通过农产品的研发、种植、加工、包装、储藏、销售等一系列活动实现产业化的发展，形成农庄的核心产业基础。

杭州千岛湖逸之园充分发挥区位、生态、自然、文化等方面的优势，大力发展第三产业，走中医药文化养生旅游的特色发展之路，大力发展生态、观光、体验、创意农业，拓宽发展空间，提升发展水平。推动农业提质增效，着力增强产业实力，主要提供观光、休憩、养生、科普、文化、娱乐等服务；体验中药传统药膳、药酒、养生茶，传授中医康体养生方法、辨识真伪劣珍稀中药材等。农业产业园区作为 21 世纪农业发展的新突破点，有着不可替代的发展优势。农旅结合的发展模式更是一种实质上的创新，旅游依托农业开拓新的领域，扩大发展空间。借助旅游增长活力，提高知名度，增加收入，相互借重，实现双赢。

文化亮点

杭州千岛湖逸之园以"生态、高产、优质、高效"的现代农业为发展方向，紧紧围绕"总体规划、分步实施、突出重点、稳步推进、协调发展"的总体战略方针，走规模化、产业化的经营之路，始终保持良好、稳定的发展态势。

打造生态休闲观光园，发展农旅结合是杭州千岛湖逸之园的一大文化特色。自立项为浙江省中医药文化养生旅游示范基地以来，观光园共接待游客近 3 万人次。游客通过参加产品养生知识讲座等活动，增加了对铁皮石斛的感知和认知。养生知识讲座活动一方面增加了大家对铁皮石斛养生文化的认识，另一方面使得保健养生知识得到了普及，在很大程度上带动了产品的销售。此外，为使游客更加深入了解铁皮石斛，观光园还开展了参观铁皮石斛文化长廊、实地讲解铁皮石斛生长习性、采摘铁皮石斛鲜花等活动，寓教于乐，实现园区更优发展。

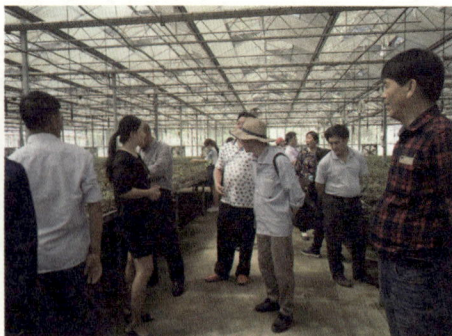

四海山石斛谷森林康养基地

业态概况

四海山石斛谷森林康养基地位于温州市永嘉县楠溪江源头，地处国家级森林公园——四海山森林公园内，规划面积 25.67 平方千米，森林覆盖率达 95.15%。康养基地对外交通便利，离诸永高速出口约 25 千米，距永嘉县城区 60 千米，距温州市、台州市、金华市等周边地区约 40—180 千米。

四海山石斛谷森林康养基地是浙江四海山生物科技有限公司于 2014 年租赁

3000亩林地用于种植研发生产名贵中药材铁皮石斛时投入建设而成的，到2020年底总投资预计达到1.5亿元。该公司致力于打造集中医药文化和森林康养于一体的综合性养生基地。目前，基地内有员工20余名，负责日常维护管理，其中有两名执导游证的专业人员。2017年，基地被列入温州市首批森林康养科研基地；2019年，基地经济效益达350万元。

产业特色

借助得天独厚的森林原貌的优势，基地景观秀丽，环境幽静，气候宜人，空气清新，在为人们提供良好的栖息、游玩场所的同时，还能起到健康养生的作用。

目前，基地已在青龙幽谷打造森林养生体验设施工程，在水龟谷建有瑜伽太极平台、仿野生铁皮石斛观光园，定期开展森林浴、森林冥想、静坐站桩等康养活动，让向往大自然的游客真正地感受到森林的宁静和心灵上的放松。

在游客享受自然对心灵按摩的同时，基地推进中医药特色养

生产业与健康养生产业的结合，努力发挥中医药的保健作用。园区内自产的原生态优质铁皮石斛便是一味养生上品，将石斛跟膳食相结合，更能将中医中药融入生活。园区目前已推出石斛老鸭煲、石斛小米粥、石斛乌鸡汤、石斛银耳羹等多种药膳，深受游客的喜爱。除服务园区游客之外，浙江四海山生物科技有限公司

现投入种植生产的石斛产品如铁皮枫斗、铁皮石斛鲜条、铁皮石斛花等也已进入市场，深受广大老百姓的青睐。

四海山石斛谷森林康养基地融入温州"雁、楠、飞"诗意山水旅游网络，将努力向"浙江（永嘉）森林休闲养生样板景区""全国森林康养基地"等目标前进。

文化亮点

四海山石斛谷森林康养基地以铁皮石斛为核心，将健康养生与中医药文化有机结合。除了完善基础养生设施和健康服务项目的建设之外，基地也致力于打造浓厚的中医药氛围。

园区现已打造铁皮石斛文化长廊，内设各种中药介绍牌，供游客游览观光。现有 1000 平方米的林业用房，均建设在石斛林种植区内，在不破坏生态稳定的前提下，不定期邀请高校、科研院所及培训机构专家到基地进行铁皮石斛的讲解和中医药文化的宣讲，让游客真正零距离接触到铁皮石斛的生长过程，感受以石斛为支点的中医药文化。

下一步，园区还计划在新建成的游客招待中心建设一个铁皮石斛博物馆，更好地丰富基地的文化底蕴和游客的游览体验。

苍南鹤顶山茶通天下森林康养基地

业态概况

苍南鹤顶山茶通天下森林康养基地位于温州市苍南县第一高峰鹤顶山（海拔约 800 米），此地三面环海，常年云雾缭绕，自然资源丰富，生态建设也日趋美化，曾荣获"中国最美茶园"称号。1.9 亿年前的火山喷发，形成了特别适合茶树种植的土壤条件，赋予生态老土茶独特口感，且有"喝了不饿"的神奇效果。基地在矾山镇与马站镇之间，距苍南县城 40 余千米，毗邻 S232 省道，已建成通达鹤家村、鹤峰村、云山村等的乡村公路体系。山上花草茂盛，奇峰异石，登高远眺，云海茫茫直达海天之际，游目骋怀，邻近城乡尽收眼底，与世界矾都矾山、马站渔寮沙滩构成了区域内独特的旅游资源体系。基地现有茶园面积 9000 余亩，是一家集生态老土茶种植（中草药）、栽培、加工、研发、销售于一体的市级农业龙头企业。

鹤顶山茶通天下森林康养基地前身为鹤顶山国有茶场，在 2012 年改制后，引入民间资本，成立浙江苍鹤农业开发有限公司，注册资金 1000 万元。成立后几年间，公司承包了鹤顶山 1150 余亩茶园（一期），在努力做好老土茶、中草

药种植开发的同时，积极加大对原国有茶场改造升级，开发茶山休闲游，使康养基地逐渐成型。产品老土茶公司先后通过 QS 质量安全认证、无公害农产品认证，2015 年被人民日报社《中国经济周刊》指定为第十五届中国经济论坛专用茶，后陆续荣获温州早茶节和中国义乌国际森林博览会金奖。

产业特色

苍南鹤顶山茶通天下森林康养基地凭借山林地理环境优势，配合苍南旅游资源特点，充分将茶文化推广和旅游康养结合，构建温州首个集"休闲、体验、学研、观光、住宿、餐饮、商购"于一体的茶文化体验中心，通过"以茶兴游""以游促茶"来推动"老土茶"品牌的发展。

鹤顶山老土茶场位于鹤顶山海拔 800 余米处，常年平均气温在 13℃左右，夏季最高气温为 27℃，空气清新，茶树成片，地势平缓，茶叶种植业蓬勃发展。康养基地旗下的苍南老中医化妆品有限公司与中国工程院院士陈宗懋科技团队合作，组建院士工作站，以鹤顶山老土茶作为原材料，

采用科技创新的方式完成茶叶市场的消费升级，充分利用茶叶、茶花、茶籽中的各种天然提取物，将茶的神奇功能彻底激发，应用到化妆护肤品领域。

现鹤顶山茶通天下康养基地初具规模，已建成茶通天下体验中心，生态制茶场、休闲茶吧、研发中心、大型停车场等基础设施，年接待游客人数达1万。现拥有20多间高档民

宿，可接待近200人的会议和餐饮服务任务，二期还将开发30余栋小木屋及大型会议中心等项目，待投产后基地将具备较强的接待能力，可以容纳500多人同时就餐。

茶通天下森林康养基地规划翔实，致力在未来10余年内，将园区打造成"七区一带"的结构，"七区"分别为养生度假区、运动康养体验区、老土茶核心产区、静态康养体验区、中医康养度假区、道家文化体验区和森林保育区，"一带"即基地内一条云海观光带。

养生度假区主要配置有茶韵文化广场、游客服务中心、茶博馆、茶通天下创研中心、茶叶加工厂、茶工坊等，是旅游配套服务集中区域；运动康养体验区有

山地运动中心、夜赏星河项目，使游客身心放松；静态康养体验区分别设有品种苑、科研项目实验区、茶叶改良示范基地等，游客在该区可以观赏到各种茶树品种，还可用于科研项目实验和品种改良实验，实现经济效益和生态效益最大化；中医康养度假区规划设有茶香山庄、天池、云顶仙宫和观海平台，供休闲度假、养生体验和长期旅居养老，是中医药康养的集中区域；云海观光带分别打造云海观光台、云遮

阁、玻璃栈道等景点，供观光游览、摄影拍照、户外康养运动等。

文化亮点

鹤顶山茶通天下森林康养基地整合山、茶、雾等自然资源，以老土茶文化和中医养生文化等人文资源为依托，是集"茶"文化观光体验、养生度假、云海观光游览等功能于一体的综合性康养基地。

目前，康养基地加快药食同源中医药种植基地建设，通过对中医药文化挖掘和中草药种植，既可美化环境，又可让更多的游客知道，大自然除了给予我们美丽的景色外，还赠予我们一个健康养生的宝库。同时，茶通天下体验中心将加强与教育部门的合作，让茶文化走入校园，走向青少年群体，引领学生成为茶文化推广的主力军。游客游览鹤顶山，不仅可以领略到大自然的美景，还可以亲自采茶、制茶，学习茶艺，既带动了旅游业的发展，又构建了一个文化交流体验的中心。

公司着眼当下，规划明确，立足于茶文化体验、养生度假、观光旅游三大产业目标，强化特色与品牌，打造浙江省中医药文化养生旅游示范基地、浙江省康养示范基地，营造一个"养眼、养身、养心"的中国最美茶园。

温州泰顺龟乾中药材种植专业合作社

业态概况

温州泰顺龟乾中药材种植专业合作社位于温州市泰顺县龟湖镇龟湖村的密林深处，地处泰顺县的最南端，东北与仕阳镇毗邻，西南与福建省的福安市、柘荣县隔溪相望，西北与泰顺县垟溪社区接壤，是一个两省、三县（市）交汇的边贸中心。该地区域交通便利，新老 58 省道及东泗公路穿越其间，道路通畅，进出方便，配置专用停车场所，是游览观光的好去处。

龟乾中药材种植专业合作社成立于 2012 年，公司注册资金 100 万元，上年度营业收入 135 万元。合作社在铁皮石斛的驯化、种植等试验成功的基础上，开展标准化、规模化、产业化生产，促进泰顺县林业产业结构的升级，努力转向"一亩山，万元钱"的新发展模式，年接待游客达 25000 人次，成功打造一个集石斛种植加工、养生保健旅游、中医药文化宣传等产业于一体的中医药旅游基地，先后获泰顺县信用社杯青年科技

创新项目竞赛成长型银奖与"泰顺县特色农业科技示范基地"荣誉称号。

产业特色

泰顺龟乾中药材种植专业合作社自身地理优势明显，配合专业的技术团队，成就龟乾铁皮石斛优良的品质。在发展石斛产业的同时，合作社借鉴农旅产业结合模式，努力推动多产业融合发展，有利于农业科技含量的提高，对促进现代农业水平和农民的持续增收意义重大。

合作社现建有驯化苗基地大棚 30 亩，林下栽培仿野生基地 200 亩，基础设施完善，培育驯化了 20 多万丛优质铁皮石斛种苗。石斛种植区域内水质全面达到并优于水环境功能区要求，环境空气质量常年保持在国家二级标准以上。同时，专业合作社聘请铁皮石斛栽培首席专家浙江农林大学的教授担任技术顾问，浙江省亚热带植物研究所的专家担任技术指导，得天独厚的自然条件配合专业团队的指导管理，让龟乾中药材种植专业合作社所产出的铁皮石斛胶多渣少，所含石斛多糖、石斛碱等含量高，还检测出罕见的抗癌因子成分——毛兰素和有机硒。

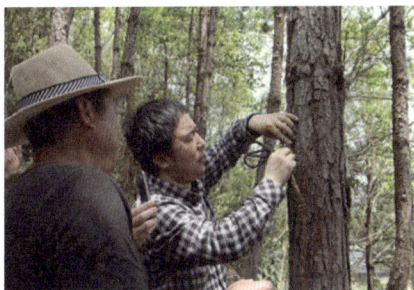

随着农旅融合产业的蓬勃发展，专业合作社推出的赏花游和采摘游活动逐渐兴起。每年 4 月中旬开始，铁皮石斛进入盛花期，花期可持续到 6 月中旬，满山的石斛花吸引众多游客。周末假期，四方游人观赏花海，避暑林间，在亲身体验野生种植环境的同时，还能了解铁皮石斛加工的传统工艺。

文化亮点

　　龟乾中药材种植专业合作社依托稀缺的名贵中药材铁皮石斛资源，逐步升级园区规模，打造泰顺首个以铁皮石斛为主题的生态旅游基地。

　　作为模拟野生环境种植技法，实现活体树生态栽培产业化的特色产业园区，温州泰顺龟乾中药材种植专业合作社承担着展示石斛景观与有机种植方式的责任。游客进入铁皮石斛园区后，能零距离感受铁皮石斛近野生生长的生态环境。

　　合作社园区利用森林生态环境栽培的铁皮石斛，集森林文化与民俗风情于一体，突显林家特色，将打造的养生旅游景点与当地的龟湖石文化园、龟湖廊桥、仕水碇步、胡氏大院、中国醉美茶园、荣西梯田油菜花等旅游资源有机结合，增强农旅融合的体验感、参与感和融入感，让"中药＋旅游"碰撞出更多新火花。

浙江广胜药用资源中心

业态概况

浙江广胜药用资源中心位于衢州市衢江区廿里镇山下村，成立于2018年7月。目前，广胜药用资源中心主要以中药材种植、中药饮片生产销售，旅游产品研发、销售，医药技术开发、技术咨询、技术服务、技术转让为经营范围。

浙江广胜药用资源中心隶属于浙江广胜集团有限公司。该公司始建于1992年，目前拥有注册资本2亿元（其中集团公司6818万元，各子公司共1亿余元），是一家集市政建设、房屋建筑、房地产开发、

光伏发电、水力发电、药业、农业研发于一体的民营企业集团，拥有工程技术、农业科技、药业科技、电力管理和经济管理人才200余人，其中，中、高级职称40余人。

在新时代振兴中医药产业背景下，浙江广胜集团重新审视企业发展现状，积极推动产业转型升级，以入选"新浙八味"的道地药材三叶青为载体，将浙江广胜药用资源中心打造成一家集中药材种植、生产、研发、旅游于一体的全产业链式健康养生中心。

产业特色

浙江广胜药用资源中心依托于浙江广胜集团有限公司，借助新能源光伏发电的优势，探索出了"农光互补"的发展道路，其核心是集太阳能发电和珍稀中药材种植于一体的科技创新型综合项目。

集团下属的新能源公司光伏电站已安全运营 2 年，年均发电量达 5000 余万千瓦时，年收益为 6000 余万元，融入珍稀中药材种植，主要是以三叶青为主栽品种，采用仿野生技术栽培，实现每年采收 300 余亩，三年一循环，年产三叶青鲜品可达 60 余吨，"农光互补"项目喜获成功。下一步，药用资源中心致力于打造现代化工厂，由传统模式向数字化、智能化、精准化、标准化的中药材生产模式转型，并增加可视化参观体验元素，形成独具特色的工业旅游项目。结合当地优美的自然风貌，可在旅游开发的同时，配套增加百草园、药膳体验区、休闲垂钓等设施项目，开展中医药养生文化旅游。

文化亮点

浙江广胜药用资源中心主打的三叶青种植生产，与中医药科技转化密切结合。中心主动寻求与浙江省中医药研究院签署战略合作协议，成立浙江省中医药研究院协同创新基

地——广胜药用资源研发中心，以中药材种植、生产、加工、产品开发为主线，开展前瞻性、实用性研究，双方资源共享，优势互补，合力开发中药健康产品，助推传统中医药种植业蓬勃发展。同时，中心计划依托万亩良田的旅游特性及后续开发潜力，结合中医药康养休闲的独特元素，引入中医故事，做好科普工作，增加中医药文化项目，努力创建更加健康和谐的全区域绿色旅游产业。

嘉兴华圣锦绣大地石斛养生园

业态概况

嘉兴华圣锦绣大地石斛养生园位于嘉兴市桐乡市石门镇周墅塘村，公司占地面积 116.16 亩，已建成标准化连栋大棚 23800 平方米，玻璃大棚 1100 平方米，规范化育苗组培中心 2100 平方米。园内环境优美，空气清新，布局合理，特色鲜明，是桐乡市首个浙江省中医药文化养生旅游示范基地。

嘉兴华圣锦绣大地石斛养生园始建于 2012 年 4 月，由浙江锦绣大地生物科技有限公司投资建设。该公司从事领域涉及生物科技、机电一体化、日用品、农产品、中药材培育种植等，注册资金 1000 万元。锦绣大地石斛养生园入选"石门镇科技十八景"，是桐乡市首批三星级现代农业庄园，是桐乡市科普教育基地，被授予"全国科普教育基地"称号。庄园生产的铁皮石斛系列产品被评为"桐乡市十大特色农产品"。

产业特色

嘉兴华圣锦绣大地石斛养生园主要从事铁皮石斛中药材的种苗组培、技术研究、种植加工及产品销售，努力建成高标准铁皮石斛基地。

养生园目前以珍稀中药材的开发为先导，致力于育苗栽培、种植加工等方面的技术研发，主打产品有铁皮石斛组培苗、铁皮石斛盆景、铁皮石斛鲜条、铁皮枫斗、铁皮石斛花、铁皮石斛纯粉、铁皮石斛寸金片、铁皮石斛养生茶等。园内铁皮石斛系列产品均不施农药化肥，

纯天然雨水浇灌，年产铁皮石斛鲜条约 6 吨，多糖含量成份占 42% 以上，已通过国家有机食品认证，通过旗下"爱尚健""崇德堂"两大品牌销售。管理层重视科技的力量，已拥有新型实用专利 2 项，外观设计专利 8 项，种植区域配备生态排涝沟渠及排水系统、雨水回收循环系统、自动化喷滴灌系统、智能化农业感知管理系统，以互联网技术为依托，实行智能化运行、大数据管理、可视化检测、远程化控制和全流程感知，种植生产全过程均可追溯。

嘉兴华圣锦绣大地石斛园是一家集科研、生产、推广于一体的科技型农业企业，拓展农业休闲养生旅游业务，适时完善基础设施，增加游览景点，推出了乡村养生游、亲子游等项目。

文化亮点

配合中医药康养旅游模式的推广，养生园努力加快农业与旅游的融合，不断强化充实园区中医药文化底蕴和农业休闲旅游的活动内容，将园区打造成中医药文化养生的特色景区。

养生园致力于发展铁皮石斛养生文化，已经形成铁皮石斛育苗栽培、知识科普、产品展示、学术研究、药膳餐饮等全方位的文化内涵，目前已配套建设科普文化长廊、养生科普馆、健康生活体验馆、中医百草园等基础设施，园内种植有40余种常见的中药材。游客在了解铁皮石斛文化的基础上，还可以参加观赏、辨认、品尝石斛的健康体验活动。公司研发团队推进园区中医养生产业发展，结合优质铁皮石斛，不断开发系列养生产品。

锦绣大地石斛养生园在发展成浙北地区中药材高新技术企业的同时，充实中医药文化养生产业，努力打造出一个乡村养生、文化科普的农旅结合旅游基地。

丽水缙云县懿圃西红花养生园

业态概况

丽水缙云县懿圃西红花养生园位于有"浙南中药材产业重镇"之称的丽水市缙云县壶镇南弄村，北有万亩桃花林和千年古村落、南垅书院等文化古迹，南接括苍山林场千顷苍松翠柏，东有千古药仙老祖制药炼丹洞和香火颇盛的药仙老祖殿，西靠山湖水塘中的第一湖——括苍天湖，环境优美，地势平坦，土质肥沃，位于温、台、处、婺四州中心，交通便利，驱车5千米可从南弄村直达养生园，配置停车场供访客使用。园内已建成有机西红花和紫米轮种基地50亩，种植绿色高山水果、山茶油、中药材、茶叶、蔬菜的综合基地百亩。

丽水缙云县懿圃西红花养生园由缙云县宏峰西红花专业合作社、前路乡懿圃家庭农场和缙云县懿圃中草药经营部组合而成，创建于2010年，总投资2300万元。懿圃西红花养生园以幽静古朴、空气清新为特色，在这里可以赏奇山异水，

看人文古迹，品珍稀药膳，吸引了大批游客流连忘返，去年游客达 10 万多人次，营业收入达 800 多万元。养生园先后被评为丽水市首家"浙江省中医药文化养生旅游示范基地"、浙江省首家"中国长寿之乡康养示范基地"。农业部农村社会事业发展中心、中国旅游协会休闲农业与乡村旅游分会联合评其为"三星级示范企业"。

产业特色

　　丽水缙云县懿圃西红花养生园以西红花为核心产业，借园区得天独厚的环境优势，发展有机农副产品的种植养殖，收获颇丰。

　　养生园经过第一轮投资建设，已具备种植、生产、加工及衍生副产品等功能，现拥有有机西红花和紫米科学轮种基地 50 亩、其他中药材种植园区 100 亩、养殖红花药鸡 10000 羽、养殖水产 15 亩、养殖山羊 200 头、年产 10 万千克的红花药酒作坊及红花面加工点等，配备碾米房、饲料粉碎房和仓库等基础设施，真正做到西红花

等药材的全产业链贯通，所产西红花、紫米等品种，获得同类中首家"有机认证"和"中国长寿之乡养生养老名优产品"认证，再将当地农副产品与中药材养生属性相结合，发挥更大的价值。

　　养生园还将投入资金扩大养生园面积，一方面扩大西红花和紫米循环种植区和畜牧养殖场，新增花样农田、中药百草园和山茶油精品园等板块；另一方面建设养生精品加工点、展示中心、养生知识培训中心及农耕文化养生小园，争取完善吃、住、游、玩、购等一条龙配套，让游客在青山绿水间绿色消费，体验田园康养。

文化亮点

丽水缙云县懿圃西红花养生园地处缙云、仙居、磐安三地交界之处，所属的壶镇自古繁华，传统中医药业在元明两朝最为鼎盛，创建于 20 世纪 80 年代的壶镇中药材市场曾经也是全国十大药材市场之一。

养生园所在的南弄村，中医药养生文化底蕴深厚，自清代以来名医辈出，多擅长痘科、痔科、风湿伤寒科等，特别是钦赐"贡元"应懿圃先生，采药行医，著书论理，传世单方偏方较多。养生园法人代表应兆士、应斌父子继承先祖应懿圃先生"懿德流芳，圃育良药，有懿德才有爱心，有良药方可养人"的遗训，弃商归农，于 1965 年始投资种药，创办懿圃西红花养生园，将中草药种植推向新高度。结合养生园区的建设，现有的药膳厅、以中药材命名的养生房间、中药发展史馆以及未来将建成的设施，能将历久弥新的中药材种植文化和康养旅游产业更加紧密地结合起来。

温州乐清丰之源石斛庄园

业态概况

  温州乐清丰之源石斛庄园位于全国环境优美乡镇——温州市乐清市淡溪柏岩村，村庄四面环山，山水形胜，梅溪、杨溪两大溪流贯穿乡境平原，森林覆盖率达86.7%，依然保持着"天常蓝，地常绿，水常清，人常乐"的田园风光。庄园定位为乐清市的后花园，距市中心仅10千米，104国道出口5千米，温州绿道2号线贯穿园中，火车站绅坊站到庄园只有10分钟的车程。

  丰之源石斛庄园由丰之源石斛科技有限公司于2012年投资建设，年接待游客2.5万人次，上年度经营收入达2508万元，2016年被国家财政部、农业部列为中央财政现代农业生产发展建设计划（农村一、二、三产业融合发展）。公司以此为契机，依托产业发展的道地技术优势，努力打造中医养生旅游休闲基地。庄园所在地年平均气温为18.1℃，年均降雨量为1459.6毫米，年均日照时数为1742.8小时，年均湿度是72%，配有柏岩水库、淡溪水库一级饮用水标准水源供应，适合铁皮石斛的自然生长。

产业特色

丰之源石斛庄园立足主导产业铁皮石斛，依托乐清城市后花园的地理优势，积极创新经营模式，带一接二连三，积极推动一产种植、二产加工、三产休闲的产业融合。项目主要通过在铁皮石斛林下标准化示范区内，建设生态休闲区及配套基础设施，发展绿色、和谐、高效的中药材产品和特色生态休闲产品。

庄园集组培、种植、加工、销售于一体，目前有现代化组培室 1500 平方米，年产组培面 100 万瓶，产品销售至浙江、云南、广东等省份；种植面积 130 亩，其中设施栽培 90 亩，近野生栽培 40 亩；大力发展铁皮石斛的加工，丰富产品品种，除鲜条、枫斗、干花、切片、烤条、超细微粉等初级农产品外，还开发了具有药效功效的石斛香皂和牙膏等日化用品，为此配套建成 50 平方米的初加工室和 15 平方米的加强质量管控的快速检测室；主动优化产品结构，提高绩优产品的销售

比例，加强最佳产品的组合效应，2016 年根据中医典籍中的古方推出的特色纯中药药囊，深受广大女性朋友的喜爱；优质的产品需要宣传才能拓展市场，公司现已建立微营销 APP，同时入驻阿里巴巴等电商平台。

目前，庄园正在打造特色林业生产示范基地，完善标准化农业设施建设，在保护生态环境的基础上改善生产条件；种植藤爬植物建设入户绿道，采用竹制篱笆提升庄园外围形象，建设生态停车场；有望建成一个集观赏、游乐、休闲于一体的休闲场所。

文化亮点

丰之源石斛庄园努力发掘铁皮石斛文化，根据专家的要求、客人的建议、公司自身发展的需要、基地生产的环境资源等因素，建成铁皮石斛种质资源库，收集各种不同品种的铁皮石斛以及其他的药用植物，目前已有其他石斛品种50余种，同时套种金银花、白及等其他中药材。

在发掘铁皮石斛文化的同时，庄园也注重积累中医药文化以扩大影响。目前已建有石斛文化展示厅、石斛体验馆，开放游客参与农事活动，丰富活动的内容。游客在铁皮石斛的采收季节，可参与采摘活动；在铁皮石斛初加工区，可通过透明玻璃，感受铁皮枫斗的加工技艺。庄园积极和餐饮协会合作，开发石斛菜品，在石斛花开的季节，让游客直接采摘石斛花，在药膳房制成佳肴。庄园努力将中医药文化与当地的风景、历史文化特色融合在一起，设计出参与性强、趣味性强的游戏或活动，让游客在放松身心的同时，也能增长一些中医药知识。

庄园开展线上线下双线的养生普及，即不定期邀请中医药专家为游客提供咨询服务，同时建立客户微信群，定期线上讲解养生小知识，另聘请2名导游人员，对其进行中药材生产、中医药文化养生的专业培训。

中医生态养生旅游，既能完全体现中国传统文化特色，又能充分彰显人与自然和谐相融。丰之源石斛庄园真正做到中药生态农业综合开发，实现生态、生活和生产三生融合、有机统一，成为集铁皮石斛林业综合开发、生态休闲经营等功能于一体的产业示范区。

温州穆寨中医药文化养生旅游示范基地

业态概况

温州穆寨中医药文化养生旅游示范基地位于浙闽两省、泰苍福三县（市）交界处的温州市泰顺县彭溪镇西关村。该村平均海拔420米，环境优美，民风淳朴，享有省级文明村、省级整治村、省级科普示范村、美好乡村"精品村"、泰顺东大门第一村等荣誉称号；下辖10个自然村，共267户，894人，耕地面积达445亩，山林面积达4095亩。2015年，西关村农民人均纯收入达6700元，村集体收入达27500元。黄栀种植面积多达1800多亩，是目前全市黄栀种植最为集中的一个基地。西关村以"生态文化"为核心，抓阵地，拓内涵，强实效，将美丽

乡村建设与旅游养生建设有机结合起来，努力打造优美洁净的宜居环境和旅游养生基地。

彭溪镇首个壮大村集体经济众筹项目温州穆寨旅游开发有限公司于 2016 年 3 月成立，村集体经济占股 40%。成立之初有 43 户村民参股，每股 2 万元。于 2016 年 4 月 10 日正式动工，同年 6 月 8 日首届栀子花旅游节在穆寨隆重开幕。栀子花节作为整个穆寨旅游开发的重要依托，总投资 260 万元，建有种植栀子花 2000 亩，游步道 1000 米，练武场 2700 平方米，露营帐篷 500 平方 10 顶，特色产品经营店、公厕、医务室等配套设施。2017 年，西关村又得到县财政"一事一议"项目支持，建设、完善了穆寨小长城等旅游基础设施，并每年举办栀子花旅游文化节。

产业特色

穆寨旅游围绕农业增效和农民增收的主题，调整农业产业结构。西关村穆寨景区通过不断推动农业与旅游业相结合，把观光、休闲、农业、旅游、养生有机

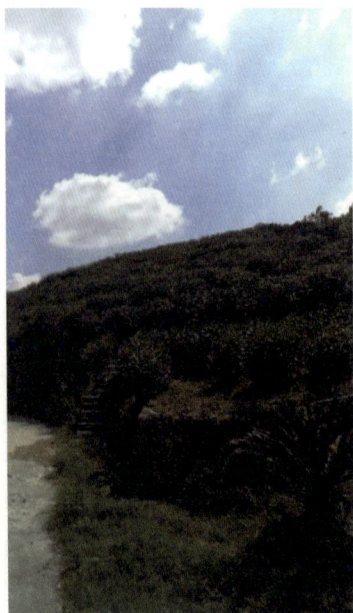

结合起来；通过乡村游把游客吸引到农村，在丰富旅游业态的同时，推动农民实现本土就业，促进增收，实现农旅融合。以"一片农业种植地就是一个景区，把种植地当景点建，把农业基地当休闲区办"的模式，打造彭溪镇乡村生态旅游品牌，进一步提升彭溪镇乡村生态休闲观光旅游的知名度，充分展示穆寨景区的自然风光、人文景观、乡村旅游特色和美丽新农村建设发展成果。

每年端午节前后，西关村都会举办栀子花旅游文化节。2020 年，第四届栀子花旅游文化节暨首届闽浙边栀子花旅游嘉年华，与比邻的

福建省福鼎市贯岭镇一起跨省联动举办，利用由于地势、气候等不同两镇栀子花开花时间不一致的特点，延长栀子花观赏期限。两地还通过各自宣传扩大活动在各自省内的影响，将双方景点串联成旅游线路，共同打响栀子文化特色品牌。持续两个月的活动期间，西关村仅门票收入就达147万元，村民在活动期间担任安保、管理等工作的工资收入达27万元，此外活动还大大促进了村民的各种旅游商品销售。

穆寨景区将加快农家乐、民宿等配套设施的跟进和旅游设施的完善，把浙闽共享、跨省抱团增收致富的模式继续进行下去。

文化亮点

西关村自解放前在田坎边就有野生黄栀子生长，栀子的果实是传统中药，属卫生部颁布的第一批药食两用资源，具有护肝、利胆、降压、镇静、止血、消肿等作用，还可提取天然色素，而栀子花具有观赏与食用价值。穆寨景区因地制宜，每年举办栀子花旅游文化节，邀请泰顺流行乐团、泰顺少年宫播音主持等进行开幕表演。乐队开场有独唱《栀子花开》、表演原创歌曲等。西关村穆寨武术队也用自己的精彩表演，给游客献上一场精彩的文化盛宴。游客可以赏栀子花，看文艺演出，品栀子花"花宴"菜肴，参与体验当地山寨文化、农耕文化、药用文化、尚武文化等，还能参加"愤怒的小鸟""浑水摸鱼"等活动及DIY项目，体验乡村旅游的无限乐趣，感受中医养生旅游文化的魅力。

乌镇互联网国医馆

业态概况

乌镇互联网国医馆位于嘉兴市桐乡乌镇镇虹桥路 69 号（乌镇街内），总面积达到 4500 平方米，以"中医药＋互联网＋人工智能"为创新主题，内设"国医、国药、国技、国礼、国饮、国学"六大服务功能体验区，集中展示了中医药文化、中医流派与传承、各省市道地药材、智能中医创新应用，中医心学、养生与保健，

以及中医药在"一带一路"中的国际文化输出等；医馆门诊部开展治未病、中医药养生、中医门诊诊疗等服务项目。

乌镇互联网国医馆中医门诊部（桐乡）有限公司（亦称乌镇互联网国医馆）是由桐乡市人民政府与微医集团联合创立，注册资金达 2000 万元，于 2017 年 11 月 25 日正式开张，隶属于微医集团总公司，目前有正式职工 6 人，安保 6 人，中医专业人员 7 人，共计 19 人。乌镇互联网国医馆开馆后

受到社会各界人士及领导、专家们的重视，他们纷纷前来现场视察、考察和参观、指导。医馆开馆后先后有《健康报》、《中国新闻网》、新华社、《吉林日报》、《浙江在线》、浙江新闻、浙江网络广播电视台、人民健康网、《杭州日报》、《嘉兴日报》等 50 多家媒体给予报道，有 100 家媒体进行了转载报道，被健康报称为"互联网 + 中医药"浙江模式的创新代表。

产业特色

乌镇互联网国医馆打破传统运作模式，实行"互联网 + 中医药"的融合创新模式。乌镇互联网国医馆内容丰富，涵盖面广，可视、可观、可体验。国医馆本着"一切为了人民健康"的服务理念，开展中医药养生保键、中医人工智能体验、

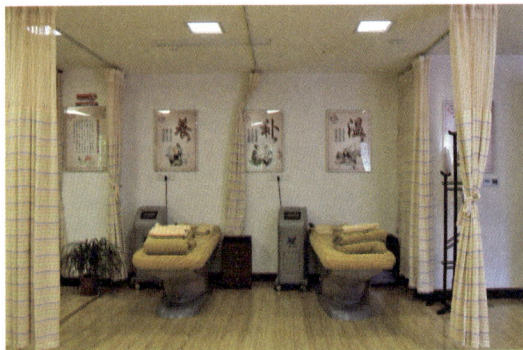

药膳食补配制、中医门诊诊疗、智能药品配送、现代膏方制作、人参系列产品销售等服务，作为中医药健康服务业的特色产业。

中医药养生保健中心开展以督脉熏蒸为主的养生保健服务，通过玄府—阳络—督脉—脏腑的

给药途径，进入人体，平衡阴阳，调节机体内外脏腑平衡。中医人工智能体验主要通过互联网、人工智能等科技手段，全面展示中医智能化的最新应用和产品，包含中医体质辨识、心理测试、线上问诊、智能开方等智能软件的应用。通过中医体质辨识，指导体验者饮食、起居、运动、调理等，并可提供药膳配制，服务到家。心理测试可为体验者提供身心健康建议，达到未病先防的身心健康的目标。

微医与吉林省白山市政府深度合作打造的"互联网＋中医药"展示销售平台——国礼人参白山馆，精选以长白山人参为主的48个企业的62个系列300多个品种的长白山大健康特色产品，游客可在线或现场购买，移动支付即可。

文化亮点

乌镇互联网国医馆充分利用数据优势，在"国医、国药、国技、国礼"的基础上，争创全国独一无二的中医药健康文化基地、中医药数据集散地，实现中医药健康养生文化的创造性转化、创新性发展，带动中医药产业聚集乌镇，汇聚浙江，通向世界。

国医文化展示以图文并茂的形式简要地介绍了我国中医药发展的进程，包括扁鹊、华佗、张仲景、李时珍等为代表的中国"古代十大名医"的简要事迹与对中医药

发展所做的贡献，并以"浙派中医"为核心，全面呈现了中医药文化悠久的历史脉络和流派传承。一尊华佗的雕像成为国医区的中心，医馆利用互联网、人工智能，汇聚中医药的名医、名方的经验，研发成一套涵盖疾病证型、治法、体质、处方、配伍的人工智能中医药辅助开方软件，开发互联网大数据的平台连接形成——"华佗云"。华佗云大数据库的建立为中医药进行进一步的科学研究提供了重要的数据基础，将对中医药的发展起到重要的推动作用。

医馆所设立的国医学院，主要开展名医、名派、名方的优势挖掘、远程带教、网络推广等研究和教育培训，目前已和国家中医药管理局中医学术流派传承推广基地联合建立了全国中医学术流派互联网传承教育中心，与中国中医药研究促进会妇科流派分会联合建设全国中医妇科流派联盟云传承平台。学院的正厅位置，设置了拜师堂，布置庄重、幽静，让游客身临其境，体验古代中医师承仪式的考究与严格，体验尊师重教与尊师爱徒的传统教育模式。

丽水处州国医馆

业态概况

丽水白云森林公园位于丽水城北部2千米处，与城区接壤，是丽水城区的重要组成部分，也是城市的天然生态屏障，地理位置十分优越。公园最高峰海拔1073米，面积达4万亩。白云山古时为丽水八景之一，境内丛篁老数，敝日摇风，盛夏登临，清凉沁脾。公园内以奇山秘洞、怪石、幽林、古树、秀水等自然景观为主，兼有寺、观、庙、庵及动人神话、美妙传说等人文景观。处州国医馆更是位于中国十大国家森林公园核心处，地理位置十分优越。

处州国医馆（丽水处州中医门诊部）位于白云森林公园内，面积1000多平方米，职工25人，专家团队20人，其他护理服务人员13人。中医标准配置，设5个中医诊室，2个针灸理疗室，配备了中药房，配置包括国家基本药物目录规定品种在内的中药饮片500余种。2017年，已创建成浙江省中医药文化养生旅游示范基地，做好中医医疗养生旅游文化建设，并吸引3万人次游客接受中医养生服务。

产业特色

处州国医馆目前主要开展的业务有中医临床内科、妇科、儿科、针灸、艾灸、康复理疗等，开展中医技术服务内容包括普通针刺、温针、电针、灸法、推拿、按摩、拔罐、磁疗、敷贴、点穴、梅花针、捏脊、手法复位、中医正骨等 30 多项。

重视中医药健康知识宣传，加强中医养生健康教育。社会办医进社区进行养生科普知识宣传，采取专家养生讲座的形式，取得很好的效果。深入开展健康教育进家庭，上门送医送药送健康。设立处州公益茶摊，每年从 6 月开始至 10 月，每天推出经专家配伍的免费健康养生茶，服务居民，提高知名度。

文化亮点

处州国医馆，隐于充满灵气的白云山间，绿树掩映，风光独好。建筑古老质朴，诊疗区域温馨舒适，让人在保健养生的同时，享受大自然的馈赠。医馆内陈设讲究，大厅宽敞明亮，绿色盆栽点缀，古色古香的木匣子里盛放着中药，排列整齐有序，更有秤砣、捣药罐，展示出传统医馆的独有的中医药文化底蕴。

医馆借助每年举办的丽水国际摄影大展等节庆活动通过中医文化展示体检、养生保健互动、中医药养生、养生大讲堂、中医药文化长廊、名老中医专家义诊

TESEYANGSHENGFUWU

等主题活动，将魅力中医、文化中医、时尚中医、健康中医全方位地展示给广大群众，扩大知名度和影响力。

因地制宜，发挥自身优势与特色，将中医养生文化与旅游完美融合，聘请导游作为中医药文化的宣传员；在导览生态古城时，积极宣传古老处州的中医药文化特色，让游客在领略古城文化的同时，感受中医药文化的独特魅力。

森古琪琅山野生石斛谷

业态概况

森古琪琅山野生石斛谷中医药产业基地位于衢州市开化县杨林镇友好村，位居钱江源国家公园开化的西南边，背靠三清山，320国道、杭新景高速穿境而过，交通便利，区位优势非常显著。基地内风光秀丽，周边南华山景区红色文化蔚然。基地山水资源优越，森林资源丰富，自然环境优美。基地及其周边区域公益林面积达 8.5 平方千米，森林覆盖率达 90% 以上。基地 AQI 空气质量年平均指数为 25，年优良天数为 365 天，地表水为 I 类水质，景区的负氧离子含量也非常高，平均每立方厘米空气中含有负氧离子 2500 个左右，并且有完备的配套服务及游憩场所，是人们休憩旅游、养生保健的理想之地。

浙江森古生物科技有限公司（以下简称"浙江森古"）为一家从事以近野生铁皮石斛栽培、研发、销售为主的现代生态企业，预计投资 8000 万元。2019 年，

其销售规模突破3000万元，利用线上线下相结合的销售模式，陆续在上海、北京、西安、厦门等地设立了直营专卖店。公司目前共有员工20名，打造了一支高层次专业人才队伍，涵盖农业、旅游业等多层次人才。凭着产品卓越的品质、"钱江源"品牌、开化国家东部森林公园的优质环境，公司产品也相继成为同仁堂、华润医药等大型医药企业的石斛原料指定供应商，产品供不应求。公司"钱江源"铁皮石斛制品屡获省农博会、森博会金奖，并被评为浙江省放心消费示范单位、浙江省道地药园示范基地，同时是铁皮石斛花、石斛叶地方食品标准的制定单位，与包括浙江大学、浙江农林大学、浙江省中药研究所在内的多家高校、科研单位密切合作。公司从2010年开始在钱江源国家公园齐溪林场流转1000亩山林，开

始进行"钱江源一号"铁皮石斛的近野生栽培与研发销售，经过近10年的发展与积累，2018年流转了开化杨林镇琪琅山13000亩林地，作为"浙江森古琪琅山野生石斛谷中医药产业基地"的发展平台，并于2018年开始试运行。

产业特色

公司秉承中华医药的文明瑰宝，传承5000年文明的灿烂文化，为全民健康和振兴中华发挥独特的作用。当前，中医药发展迎来了新的春天，公司紧紧抓住这一难得的机遇，切实把中医药这一祖先留给我们的宝贵财富继承好，发展好，努力把中医药产业做成绿色产业、生态产业、康养产业，让中医药产业更好地服务于"全民健康，美丽中国"的建设。随着国民经济的快速发展，人们对自身的健康越来越重视，对优质、生态保健品的需求不断扩大，森古公司注重开展中草药基本知识科普宣传，将生态循环与休闲旅游相结合，开辟出一条发家致富的新道路。

森古公司依托琪琅山丰富的自然资源，以"健康、绿色、生态"为目标，以中医药文化旅游和药膳康养为主题，配以与环境有机融合的宜居小屋、中草药环山游步道等配套设施，打造"形象美丽、生态示范、文化浓郁"的中医药森林康养基地，以铁皮石斛仿野生种植全产业链示范为核心，突出国家东部森林公园第一条高山中草药康养环山游步道项目，成为集中医药旅游休闲、生态康养度假、科普研学于一体的中医药文化主题森林公园和农村一、二、三产业融合发展的示范点和引领点。

目前，公司繁育各种中草药种苗，推广大面积种植经验，在推进中草药初加工的基础上，大力开发药膳、药酒、药浴等养生保健产品。公司创新发展理念，为顺应人们对旅游产品的多元化发展需求，大力推动以中草药加工为主导的产业链发展，开发了吃、住、游一条龙的中医药特色旅游产品，融入了生态旅游、休闲度假、药膳保健、美食养身等各种元素，极大地提升了中医药特色旅游的品位。开展以中药沐浴、森林瑜伽、森林冥想等运动项目为主的强身健体型，以及以森林特色住宿、药膳食补等养生为目的的疗养度假型中医药特色旅游之路。

文化亮点

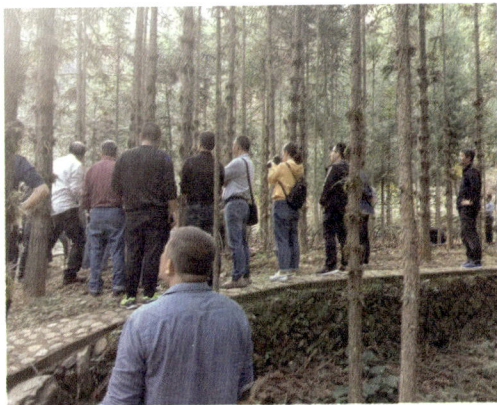

在文化辐射扩散方面：一是加快钱江源品牌建设和打造，宣传力争3年内让"钱江源"成为中医药行业的知名品牌；二是继续突破传统零售模式，加强新零售模式的打造，利用"互联网+"打造浙江中医药行业的"网货"代表，利用"物联网"系统开拓线下实体体验店，

计划在 2021 年末发展中医药体验店达 15 家。

　　基地将以中医药为特色，以森林康养为主题，进入全面旅游推广期，通过户外媒体、电子媒体、报纸等传播媒介全力宣传。在进行全面推广的同时，基地与相关合作单位积极研发"钱江源"品牌的药材类养生产品；利用网上推广，靠产品的质量占领市场；将中药业和旅游业结合起来，对到当地旅游的人群进行中医药基本知识的科普宣传，并且邀请游客品尝产品。

　　森古公司欲将琪琅山中医药产业基地精心打造成公司的一张靓丽名片，培育的中药材品种丰富，以保护和传承中草药文化为主题，以原生态中医养生保健为载体，打造了集科普教育、种苗培育、草药栽培、特色旅游为一体的中草药主题

文化乐园和青少年科普教育基地。采集天地之灵气，吸取日月之精华这种优质、生态、纯天然的中草药被人们享用，真正为中医药产业健康发展添砖加瓦，为现代农业的兴起做出应有贡献！

历史文化弘扬

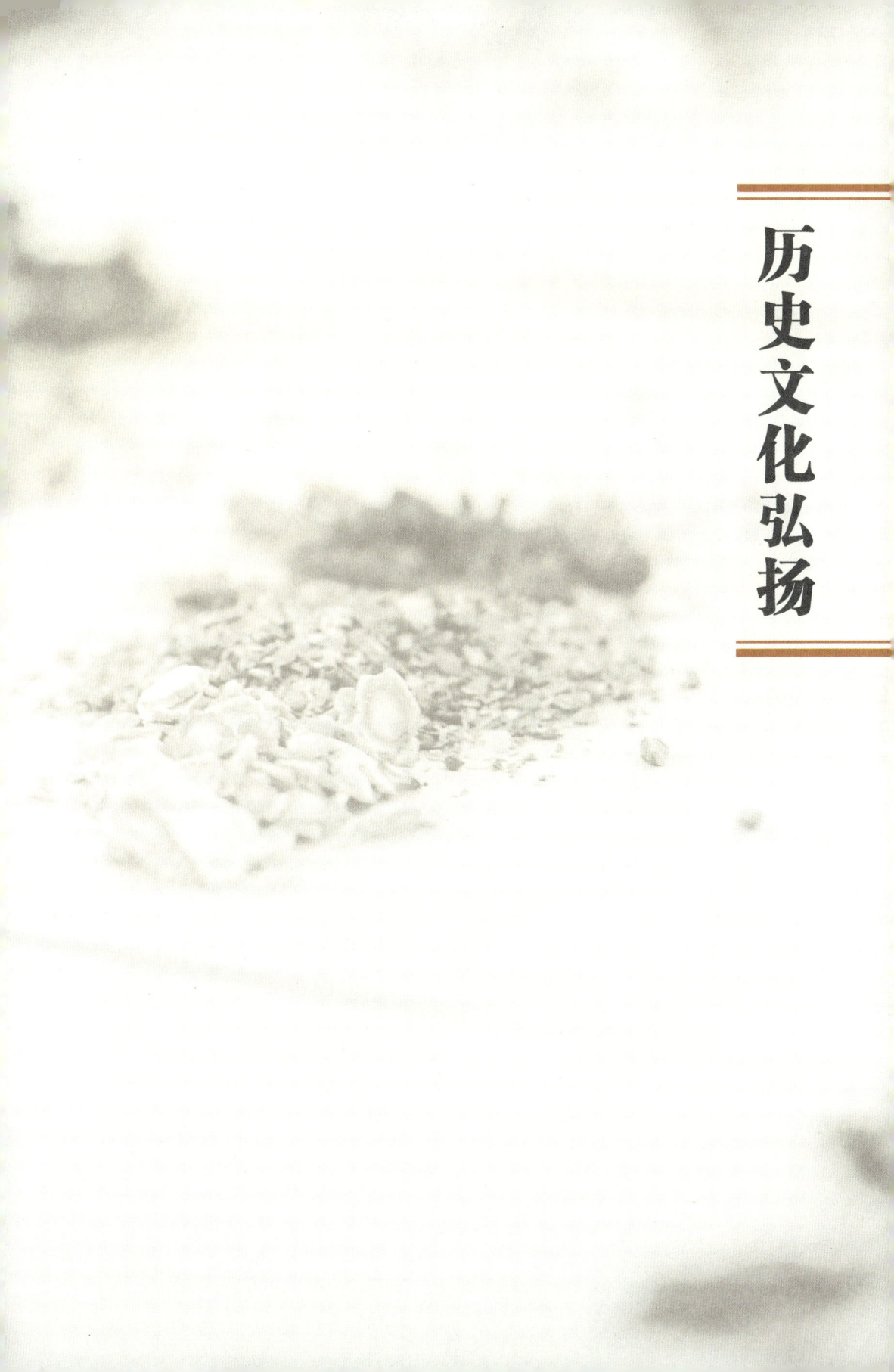

杭州市清河坊历史街区

业态概况

　　清河坊历史街区是杭州旧城中保存最为完整的地域区块，位于杭州市上城区，地理位置十分优越。南迎吴山，风景优美，山上山下风景风貌融为一体；北靠闹市，临湖滨，为近代杭城最繁华的商业区，介于城市居住区和西湖风景区、吴山风景区的交汇地带；东接中河，中河是杭城古代主要交通水道，所谓"商贾辐辏"就源于此河；西连吴山文化广场，毗连西湖，仅数百米。从平面布局看这些街巷以

纵向排列为主（即南北向），以横向排列为辅，巷与巷、街与街之间的建筑密度大，街巷细长且曲折深远。在交通组织、空间关系的处理上灵活自如，街巷曲度舒缓，从巷口远眺视线颇具纵深感，使静态与动态结合的视觉效果具有浓郁的生活气息。

清河坊历史街区目前尚存大小街道坊巷16条，其主要街道为中山中路与河坊街。中山中路为鼓楼湾北端至西湖大道，全长1000米，路宽9米。河坊街为四拐角至华光巷口，全长460米，路宽12米。街区总面积13.66万平方米，目前已入驻商户400余户。2001年，河坊街主街开街；2009年，南宋御街开街，清河坊被国家旅游局评为4A级旅游景区，成为国内首个被评为4A级景区的商业特色街区。本街区的中医药堂馆有胡庆余堂、方回春堂、万承志堂、震元堂、叶种德堂、北京同仁堂、保和堂、朱养心膏药店等多家百年老字号。

产业特色

清河坊历史街区的功能定位主要以门诊医疗、中药销售、养生保健、文化旅游、商业销售等为主。中医堂馆承担了门诊医疗、中药销售、中医文化、养生保健、特色旅游等功能，其他的商户则主要在于商业销售。努力开发中药文化承载型系列产品，重视对中药文化旅游产品的包装，增加旅游产品的附加值；适时集中力量推出若干个富有中国特色的中药旅游商品著名品牌。胡庆余堂国药号为国家级非物质文化遗产单位，在药店旧址设立的中医药文化博物馆，每年吸引大量中外游客参观。胡庆余堂、方回春堂还在不同的季节针对不同的人群推出保健产品，如夏季推出的"凉补包"，可以针对不同的要求做不同的搭配。胡庆余堂、叶种德堂、方回春堂、万承志堂、李宝赢堂、北京同仁堂等中药馆拥有几百种中医药传统产品。如胡庆余堂1876年创办以来的38块"金字招牌"传承至今，方回春堂的小儿回春丸远近闻名。

文化亮点

清河坊历史街区旅游资源具有很高的历史文化价值。清河坊是杭州历史上最著名的、目前仅存的一条古街，它保留了杭州悠久的历史文脉，积聚了丰富的历史人文遗产，折射出杭州的历史变迁。历史街区所涵盖的内容极为丰富，包括建筑、医药、商贸、风俗等文化，体现了清河坊历史街区独有的历史文化特色，同时也是整个杭州历史面貌的缩影。街区内现存古建筑大多以清末民初建筑风格为主，至今仍保存了较为完整的四拐角建筑群，是杭城传统街区的心脏，也是杭州古城现存唯一一块完好的历史地段，呈现出20世纪二三十年代西风东渐的近代建筑特点。

清河坊历史街区以中医堂馆为基点，拥有多家历史悠久、声誉远播的中医药老字号，其中，胡庆余堂和方回春堂都被列为国家级非物质文化遗产；胡庆余堂还是全国重点文物保护单位，以"江南药王"闻名全国，在药店旧址设立了中医药文化博物馆。此外，街区内还有万承志堂、震元堂、叶种德堂、北京同仁堂、保和堂、朱养心膏药店等老字号中医堂馆，中医药文化底蕴可谓十分深厚。

　　历年来，清河坊历史街区以"挖掘文化，传承文脉"为己任，致力于举办各种中医药文化节庆活动，提升街区文化魅力。除了定期举办膏方节、参茸节、腊八节、端午节等，河坊街还在清河坊茶会、吴山庙会期间，隆重推出中医药文化交流活动，为游客、市民免费提供各种保健药茶；联合街区国药老字号开展"中医药大课堂"和大型义诊活动，影响力大，受众面广，在中医药文化传播和科学知识普及方面具有独特作用。

杭州市建国南路中医街

业态概况

建国南路中医街，地处杭州市上城区"五柳巷历史文化特色街区"，属于 L 形地块，历史文化氛围浓厚，被上城区政府定位为"以中医药健康养生为主的智慧医疗产业集聚区块"。其区位优势得天独厚，交通便利。西邻西湖风景区、南宋御街，东临建国南路，北起西湖大道，南至河坊街，项目共分两期，总建筑面积约 10000 平方米。该街区承担了中医医疗、技艺传承、养生保健、中医旅游、文化传播等多种功能，不仅体现积淀丰厚的历史人文，而且呈现保护修缮的传统风貌，表现出"古今对望，历史与现实交汇"的独特韵味，千年中医国粹的传承与发展也正在此悄然绽放。

目前建国南路中医街拥有 2 个历史悠久、声誉远播的浙江百年老字号，分别为三慎泰和天禄堂；且开设 3 家国医馆，包括有三慎泰国医馆、天禄堂国医馆五柳巷馆以及德合堂国医馆。 现已

建成"康慧堂""广嗣堂""愈心堂""宋杏春堂""如颐堂"以及"聚庆堂"等 6 家名医专科诊所和 1 家"何氏妇科"名医个人工作室，街区诊所和门诊部基本已实现省级、市级医保覆盖。

不同于传统的中医馆，建国南路中医街的运营模式、合作模式等都有着不同程度的创新，呈现出"统一投资、统一管理、统一宣传、统一布局、统一形象"的特点。该街还创新采用合伙人模式，通过开设名医个人诊所和医生坐诊两种形式，在实现医生价值最大化的同时，也为中医流派的传承找到了最好的落脚点。这种以中医名家个人的特色诊疗、流派和文化精髓为主线的新产业模式，通过成熟的资本运作真正实现了中医名家衣钵传承，盘活了传统中医药产业。

产业特色

建国南路中医街是以中医医疗、技艺传承和产业研发、孵化为核心，辅以中医养生保健、文化体验、医疗旅游和综合配套等多功能定位的中医药特色产业街

区，同时也是杭州新型旅游养生基地的一张新名片。该街目前拥有 3 家国医馆及 6 家名医专科诊所，邀请百余名国家级名老中医及学有所长的中医专坐诊，以专业的中医健康诊疗为杭城及周边区域百姓的健康保驾护航。

建国南路中医街得天独厚的位置

優势及丰厚的历史人文积淀，是其发展中医文化旅游的重要基础。街区外部环境经统一布置，将中医文化宣传融入各个场馆之内，每年举办一系列养生保健旅游活动，并结合"参茸节""膏方节"等养生节日宣传特惠，吸引着无数海内外游客前来游玩，带动了该区域经济迅速发展。

文化亮点

建国南路中医街所处的"五柳巷历史文化特色街区"，历史可追溯至南宋，清末民国年间留下了大量东河生活遗迹。五柳巷历史文化街区在实现外部历史风貌提升与内部设施完善的基础上，最大限度地保持了当地旧民居的风貌。建国南路中医街在建设之初就对原有建筑古迹进行了保护，并对街区完成了统一风格的修缮等工作，将中医文化融入建筑中，充分展示了中医街的文化风貌。

建国南路中医街的定位理念是以中医健康诊疗为核心，依托街区深厚的中医养生文化底蕴，配套中医药体验馆、名中医秘方馆、中医流派历史文化馆、中医药膳馆、健康大讲堂等项目，匡

扶名老中医一人一流派在中医街开设个人诊所的传统中医药文化模式，打造中医流派的"产业孵化器"，吸引更多的名中医来此落户，共同传承中医药文化，为广大百姓服务。

杭州市桥西历史文化街区

业态概况

桥西历史文化街区，坐落于杭州市拱墅区京杭大运河边，总规划用地面积 7.83 万平方米，总建筑面积 5 万余平方米。从拱宸桥头开始，向西面散发出去，北至中国扇博物馆，南至登云路，西至小河路。桥西一带为江南水乡古建筑群，现今为中医药特色街区。在这里，人们不仅能感受到清末民初的生活气息，还可以了解到杭州的工业发展历史。这里还有世界两大"非遗"景点——拱宸桥和桥西直街，交通便捷，是杭州市首批"非遗"景区。"非遗"文化和文创产业、旅游产业蓬勃发展。

本街区的中医药堂馆有方回春堂、天禄堂、金河堂、大运河国医国药馆 4 家传统国医药馆，年产值近千万元，不仅为桥西历史文化自身发展奠定经济基础，而且促进了中医药文化的广泛传播。

产业特色

桥西历史文化街区的功能定位是以门诊医疗、中药销售、养生保健、技术体验、产品销售为主。中医堂馆承担了门诊医疗、中药销售、养生保健、技术体验等功能，其他的商户则主要进行商业销售。四大中医药堂馆各有其特色所在。方回春堂已有 300 余年历史，由名

医亲自坐诊，出售道地好药，是在清顺治六年由钱塘籍人士方清怡创办的国药号，是中国最古老的国药馆之一；其传统特色主要由三大部分构成，即国药馆、国医馆和参号。天禄堂由一组古色古香、极具江南民居特点的木结构建筑群体组成，可分为四大区，分别是天禄堂国医馆、天禄堂国药馆、天禄堂参燕号以及天禄堂养生馆。金诃堂的主要特色是医药文化、藏医医疗和藏药营销。大运河国医国药馆包括医馆、药馆（即仁德堂）和养生馆，侧重于中医中药方面，是千年运河文化与传统中医国粹的完美结晶。

此外，桥西历史街区作为杭州市首批"非遗"景区，内有陶一天、乐漫土、

晓风书屋（南派三书）等休闲店铺；还有各类零售商户如暖生、满辅、如意里古董首饰、乐福佑，以及老开心茶馆、舒羽咖啡、有道茶馆等茶饮咖啡馆。游客可以在街区内享受到来自山葵家日本料理、院子餐厅、新庭记等多家知名餐厅带来的美食。桥西历史街区还引进网络小说工作室。

文化亮点

历史街区的灵魂所在便是文化。桥西历史文化街区有着悠久的历史文化和传

统工艺基础，至今仍保存着非常完整的清末民初沿河民居建筑以及大量近现代工业遗存，还有部分非物质文化形态的内容，比如生产方式、生活模式、礼仪表现及风俗习惯等。街区的博物馆群包括中国刀剪剑博物馆、中国伞博物馆、中国扇博物馆、杭州工艺美术馆、中国京杭大运河博物馆等五大国家级博物馆。手工艺活态展示馆中汇聚了张小泉剪刀、西湖绸伞、紫砂壶、陶艺、织造等20余项非物质文化遗产。历经岁月沧桑，这些文化遗产在桥西历史文化街区的保护工程中被尊重，使老街区文化得以延续和发展。桥西打造创新型中医堂馆，更好地发展中医文化产业。

杭州市广兴堂国医馆

业态概况

杭州市中医院广兴堂国医馆，位于杭州拱墅区，落址于迄今已有200多年历史的清代古建筑——梁宅。梁宅乃清朝名臣梁肯堂宅邸，占地2500平方米，建筑总面积约1630平方米，属于典型的江南古民居的建筑风格。广兴堂虽处于杭城闹市之中，却独享宁静。现存建筑主要分布于中、西两条轴线上。正门开在建筑的中轴线上，宅前有照壁，门内自南而北依次布置有轿厅、平厅和走马楼。西轴线上依次为书斋、正厅和座楼。正厅与座楼之间设塞口墙和砖雕门楼，在石库墙门的内外门额上均有雕刻精美的砖雕花纹和图案。座楼为三开间的二层木结构建筑，座楼后面有后花园。其建筑布置分区明确，布局紧凑有序，在建筑外围和院落之间都有高大封火墙分隔、围护，形成相对独立的封闭空间。墙上开边门，墙边设夹弄，为连通宅内各建筑的交通道。建筑布置疏密有致，进与进之间都设天井，

使每座建筑都有独立的室外活动空间。整座宅院建筑用材粗大，装饰朴素，雕刻
精致而不繁缛。

产业特色

杭州市中医院广兴堂国医馆功能定位多样，呈现出多元化的产业特色，主要
包括了养生保健、健康旅游、技术体验、中药销售、产品销售以及门诊医疗等各
个方面。广兴堂目前已经广泛开展诸如中医名家诊疗、中医文化展示、中医传统
治疗以及养生药膳调理等特色中医药服务。广兴堂国医馆努力实现了集旅游、养
老、传播、保健、销售、餐饮等于一体的特色服务链条，与中医产业化之间的融

合相得益彰，十分贴切，
不仅可为当地居民的健康
保驾护航，而且极大推动
了传统医药文化产业的发
扬光大。

文化亮点

广兴堂国医馆，坐落于梁宅内。而梁宅是清代著名的古建筑，是目前杭州市
文化保护单位。它所开展的广兴药膳服务，为杭州市非物质文化遗产。广兴堂在
陈列区以及其他区域的走道、回廊等各处墙面上，用生动、详细的图文资料介绍

了自良渚文化以来的杭州市中医药发展历史、中医阴阳五行理论、各类经典处方以及传统经络循行图等中医药知识。陈列馆内展示了许多与中医药历史发展演变相关的各类藏品，并配以中、英、日、韩四国文字加以说明。这些藏品来源途径多样，有的来自杭州市中医院，有的是热心市民的捐赠物，也有专门从社会上收购而来，如各类医匾、古方、医书、制药器械。藏品种类丰富，从一定程度上折射出中医药历史的变迁。目前，广兴堂已搜罗了近 300 块清末民初时期各式的诊所和药局医匾，属省内规模最大的医匾陈列场馆，受到了众多国内外嘉宾以及中医和历史爱好者的广泛关注。馆内牌匾的所有信息，包括匾文、款式、时间或年代、释义、规格、材质、收集地等内容，均收录于《中国近代牌匾的中医药元素》一书中，促进了广兴堂中医药文化的广泛传播。

浙江绍兴景岳堂

业态概况

　　浙江景岳堂药业有限公司成立于 2003 年，位于绍兴市柯桥区钱清镇，占地面积 78 亩，是一家集中药材、中药饮片、中成药生产销售与出口及现代中药研发于一体的综合性生产企业，是上市公司浙江华通医药股份有限公司的全资子公司。目前，新征地 100 亩，规划在扩大中药饮片生产规模的同时，建立张景岳中医药文化博物馆。依托景岳堂药业、华通医药实业产业的资金支持，该公司已经成为绍兴市、柯桥区、钱清镇三级政府部门作为对外宣传的推广金名片。近年来，

景岳堂不仅传承以明代医家张景岳为代表的越医文化，而且专注于中药产业化发展，是绍兴市非物质文化遗产传承基地，为中医药的传承、传播带来了优势性与实质性突破。公司打造从中医药文化展示厅到中药物流基地，再到中药饮片古法炮制与现代中药生产的全品种检测的体验式中医药文化产业旅游和宣传教育，旨在传承中医药文化，扩大中医药的社会影响，从而带动产业发展。

产业特色

绍兴是国家首批历史文化名城，景岳堂传承以明代医家张景岳为代表的越医文化，致力于发展民族医药产业，为"绍兴老字号"企业，成为绍兴市非物质文化遗产传承基地。同时，景岳堂中医药文化教育基地已成为绍兴当地重要的中医药文化宣传教育基地，在当地具有一定的知名度和社会影响力，具有教育实践功能和社会效益功能的双重价值。其中，药饮片和中药配方颗粒生产基地及两家景岳堂国医药馆把以张景岳为代表的越医文化的选方用药、炮制技术、中药科技、诊疗养生等展现出来，打造体验式的旅游发展和宣传教育基地，具有极其鲜明的人文景观和地方特色，在传播中医药文化方面极具影响力。

文化亮点

"越医文化"已有2000多年的传承历史，是第三批浙江省非物质文化遗产代表性项目，不仅具有保护和发展中医药文化基地建设的条件和能力，而且为绍兴市非物质文化遗产传承基地。基地文化展示方式有：体验式产业旅游（文化展示厅→中药标本室→现代中药生产→标准化煎药服务→百草园→中药物流基地→古法炮制→现代中药的全品种检测→柯桥景岳堂国药馆→越城景岳堂国药馆），文化产品（医药古籍、处方手稿、药船、戥子秤、药臼展示，《越医文化研究文集》），微信公众号、网站（景岳堂公众号、越医文化公众号，浙江景岳堂药业有限公司网站），承办协办浙江中医药相关活动（景岳堂越医文化高峰论坛、纪念张景岳堂455周年暨改革开放40周年传承张景岳学术研讨会、浙派中医宣传巡讲、浙派中医走基层系列活动、中医药进校园活动、中医药学术年会和中医经典理论与临床应用学术研讨会、义诊活动、专题培训班、交流会等），内容丰富，多样化趋势十分明显。

近年来，景岳堂药业专注中药产业化发展，加大中药生产基地的建设，形成了传统中药古法炮制、现代中药生产、中医中药馆等独具特色的中医药文化教育发展新格局。着力构建中医药人文教育基地，拓展以张景岳为代表的越医文化的传承、研究，把张景岳中医药文化理念融入企业发展，突出了以"景岳堂"为传承品牌，形成了以"景岳薪传、匠心中药"为核心价值理念的中药产业化发展体系。

注重中医药文化宣传教育，采取"请进来，走出去"的方式，全力助推中医药文化发展。

温州市南塘中医药特色街区

业态概况

南塘中医药特色街区位于温州市南塘风貌街区南段，是市中心4A级景区"印象南塘"的组成部分。街区东边毗邻大型住宅区"南塘组团"，南至贯通温州东西城区的交通主干道温州大道，西边与景色优美的白鹿洲公园隔水而望，"母亲河"南塘河蜿蜒穿梭而过，北面连接繁华热闹的南塘餐饮娱乐休闲街，交通便利，地理位置可谓得天独厚。

南塘风貌街由南塘街改建而成。南塘街依河而建，街史悠久。自南宋以来，因塘河"鱼吹柳浪白鹭飞，莲盖绿水荷花香"的美景，两岸街区店肆林立、商贾发达，逐渐成为当时文化流派和私塾讲堂聚集区，许多中医药商铺也顺势而立。

产业特色

温州在中医药历史上占有特殊地位，南宋时期永嘉医派是我国三大医派之一，而南塘风貌街历史文化底蕴深厚，中医药健康文化与生态旅游资源深度有机结合，

将充分释放出中医药健康服务业的潜力和活力，激活和带动中医药健康文化旅游产业。

南塘中医药特色街区传承并发展了温州中医药文化历史，其开设有名医馆、国医国药馆、高端养生馆、中医药健康大讲堂以及中医药健康文化旅游产业等，成为诊疗、养生、文化展示、旅游、产品销售等产业链相对完整的中医药健康保健产业集聚区，充分满足了温州本地居民和周边地区群众多样化的中医药健康服务需求。

依托于"印象南塘"旅游环境和南塘风貌街北段餐饮娱乐主题街区，将中医药文化与旅游、商业高度结合，南塘街区南北两段已经实现联通，不仅丰富了"印象南塘"景区的商业元素，还将提升景区的整体文化底蕴，把温州南塘中医药特色街区打造成为温州城市旅游发展的新亮点，成为温州城市金名片。

文化亮点

南塘中医药特色街区配套以中医药代表人物为原型的雕塑和非物质文化遗产、中医药文化展示，能丰富印象南塘风貌街的业态，提升印象南塘景区的文化底蕴，还能重拾温州中医药文化的经典，传承发扬永嘉医派的精髓，为当前温州中医药事业的发展起到补充和促进作用。

南塘风貌街南段中医药特色街区将成为弘扬传承温州中医药历史文化的重要平台和满足我市民养生需求的重要载体。届时，南塘街区南北两段联通，将丰富景区的整体文化底蕴。

桐庐县桐君中医药文化博物馆

业态概况

桐庐县桐君中医药文化博物馆，位于杭州市桐庐县高家路，在县城西南的桐君堂制药厂。桐庐，是全国美丽乡村、中国最美县城、全域旅游示范县，还是浙江省首个慢生活体验区，有"华夏养生福地""中国养生保健基地""中国长寿之乡""世界养生基地"等多项荣誉称号。桐君堂于 2012 年 11 月正式开馆，其建筑面积近 1200平方米，是全国首家以桐君中药文化为主题特色的博物馆，是桐君堂企业博物馆，是桐君后人为感念桐君之恩泽，以传承先祖桐君的伟大精神，于明洪武十七年（1384）创建的桐君堂品牌。《桐君采药录》在中医药历史长河中起到了重大的奠基作用，同时桐君堂是中医药文化的发源地，桐君老人所创立的华夏医药历史至今也影响深远。

产业特色

位于药祖故里的桐庐县桐君中医药文化博物馆，是国内首家以桐君药祖文化为主题的博物馆。博物馆分为前厅、中药博物馆和中医博物馆三大部分，内有古药铺、古药街、古炮制煎煮等用品用具，以及红曲生产的古貌复原场景等八大内容，馆内共展出古旧中医药书籍1000余册、实物展品1000余件，是国内中医药界少有的一个文化

场景，是桐君堂人守望、坚持、传承和弘扬桐君中医药文化的代表之作，也是药祖故里中药文化历史沉淀的集中展示组建而成，具有文化性、专业性、科普性、观赏性、趣味性等五大特征，集桐庐中医药文化历史收藏展示、中医药知识传授、科普教育、怡情生活、休闲养生体验等于一体。桐君中医药文化与旅游、农业、养老、传播、保健、信息、生产、销售、餐饮等多种产业进行广泛融合，具有独特的产业特色优势。

文化亮点

桐庐中医药文化有着悠久的历史，深厚的文化底蕴和广泛的群众基础，是以桐庐县为中心扩散发展至全国的传统医药文化，是药祖故里的一颗璀璨明珠。桐

庐民间不仅流传着桐君在中草药历史上广为人知的传说，悠久的传统中药采集、种植等文化亮点，始终秉承着传统的中药古法炮制方法，而且药祖桐君名医馆"悬壶济世，求真济人"

医药文化及"华夏中药节"等民间桐君祭祀活动也进行了许多文化创新。

桐君堂中药很好地成为反映桐君中药文化核心价值的良好载体。桐君堂坚定以桐君"良药济苍生，岂能糊弄人，若敢假伪劣，定当成罪人"的桐君精神为心铭，身怀谦卑和感恩，坚守中医药者必备的社会责任和道德底线，不与利欲横溢、浮躁难抑之境况同流合污。桐君堂中药所赋予的文化及其精美的药材质量，深受广大百姓好评。此外，博物馆内还陈列古药铺、古药街等用品用具，以及红曲生产的古貌复原场景等诸多内容；馆内还展出了许多古旧中医药书籍、实物展品，以及医史长廊等。桐君堂多样化的文化宣传，都无一例外地对传统中医药文化的发展做出了较大贡献。

德清县莫干山陆有仁中草药博物馆

业态概况

德清县莫干山陆有仁中草药博物馆，地理位置优越，位于湖州市德清县舞阳街道舞阳街，该馆属于德清县下渚湖湿地景区，位于塔山森林公园内，共计占地40亩，建筑面积6000平方米，展厅面积1500平方米，是一家以弘扬中医药文化、传播中医药科普知识为主的公益性质的中医药专业博物馆，总投资3000多万元，于1999年经浙江省文物局批准对外开放，馆内有工作人员6名。附近景区有下渚湖湿地公园、塔山森林公园、联合国地理信息大会永久性会址（凤栖湖景区）。

产业特色

莫干山陆有仁中草药博物馆将中医药文化与旅游产业相融合，打造出了一条以"中医文化促旅游发展"以及"以发展旅游促中医文化宣传"的创新之路。

本馆整体分为庭院景观和室内展厅两大区域。其中，1号展厅重点展示中医药文物，陈列展示古代制药、存药器皿，如有陶器、瓷器、青铜器、铁器、石器以及中医药古籍等1000件。2号展厅主要展示中草药标本，陈列展示中草药植物、动物、金石等1000多种。同时，陆氏博物馆内还有中医药养生文化长廊、国医馆、

国药馆、中医药养生文化
讲座大厅（即养生讲堂）。
德清陆氏四季养生法展示
在养生文化长廊内，有陆
氏祖先《吴兴陆氏三世医
验》清代线装本世代相传，
有馆长老中医陆有仁医师
亲自分别在国医药馆和讲
座大厅向游客讲座中医药
养生科普知识，另外开发莫干山地区丰富中草药资源和收集浙北地区民间单方、
验方。

总之，宣传中医药产业及发展旅游的形式多样，内容丰富多彩。陆氏在平日
工作生活中，经常在中医馆为游客和各地老年大学学员提供免费中医药养生咨询
服务，服务人数高达 10 万人次。其影响力之大，受众面广，在推动中医瑰宝的
弘扬以及促进中医药文化产业的创新发展方面做出了巨大的贡献。

文化亮点

德清陆氏中医（陆氏医验）属浙江省非物质文化遗产保护性项目，由明代嘉
靖年间先祖陆岳创办，几百年来始终秉承祖先"不为良相，愿为良医"和"学医
必精，为医必仁"的家训，经历了浙北陆氏
中医几十代人的传承而屹然挺立，经过不懈
努力，免费开放近 20 年，先后获得浙江省
非物质文化遗产展示基地、浙江省科普教育
基地、浙江省健康文化宣传基地、浙江省中
医药文化宣传教育基地、湖州市爱国主义教
育基地、德清县职业中专德学基地等荣誉称
号。该馆的发展得到了当地政府的大力支持，

为更好地发展传统医学文化奠定了坚实的基础。

　　陆氏不仅在中医馆向游客讲解中药配方、药茶、药酒、足浴、香囊、药膳等养生文化（从1999年经浙江省文物局批准开馆以来参观人数已达到60多万人次，其中包括大中小学生20万人次；接待参观人员有社会各界人士及全国各地游客），而且每月在馆内讲座大厅举办免费中医药养生科普知识讲座2次。每年端午节前后1个月向参观者免费赠送陆氏祖传自制防疫香囊，免费供应午时茶。开展中医药文化进校园，创办中小学生研学基地，不定期分批接受中小学生来中草药博物馆参观，来百草园识别中草药。这些仁心创举都为陆氏医验以及中医药文化的传承传播带来了不菲的价值。

新昌县天姥中医博物馆

业态概况

　　新昌县天姥中医博物馆，座落于绍兴市新昌县七星街道中柴路。由非物质文化遗产新昌郑氏中医，新昌县郑氏文化发展有限公司投资兴建，是绍兴市首家以中医药文化为主题的博物馆。博物馆建筑面积1500平方米，展陈面积900平方米；共有藏品5000余件（套），其中古籍医书500余套，中医药器具360多件套，中药标本200多件，名老中医书画、处方600多件。馆内目前已收集了大量中医

药文献史料，为更好地继承中华文化，传承中医学术，普及养生知识，防治未病强身，在县委县府各级行政主管部门大力支持下，于2017年底正式登记，并对外免费开放。

产业特色

天姥中医博物馆，以郑黎明为主要领军者，郑氏对新昌中医药文化产业发展做出了不可磨灭的贡献。他兴趣爱好广泛，又十分努力勤奋，不仅从古玩市场、旧书店和网络等多种途径广泛寻找搜集中医古籍、处方、名医手稿，而且还有许多珍贵的中医药实物藏品，具备一定的文献价值和临床价值。此外，馆内还设有会议室及库房、茶室、阅览室等，馆内有老药铺情景重现。目前博物馆是绍兴市非物质文化传承基地、绍兴市社会科学普及基地、浙江省中医药学会浙派中医大讲堂、越医文化传承基地和绍兴市特色科普馆。

文化亮点

天姥中医博物馆是传承中国传统中医药文化的重要阵地，有着自身特有的社会职能和自身优势，天姥中医博物馆始终坚定不移响应党的号召，坚持文化自信，开拓创新，为推动中医药特色文化走向繁荣昌盛做出了应有的贡献。

天姥中医博物馆在"继承中华文化，

传承中医学术，普及养生知识，防治未病强身"方面做了许多工作。一方面，天姥中医博物馆在硬件设施上就十分用心，如有专业会议室、茶室及科普电脑影音设备等，这就为定期开展中医文化宣传教育活动提供了十分便利的外部条件。另

一方面，从文化软实力角度来看，郑氏十分注重中医文化的特色优势的传承与发展，天姥中医博物馆便是打造了这样一个医家交流的平台，通过展示收藏的处方共享中医药传统医术，时刻以发扬中医药文化为己任，不断努力推动中医药瑰宝绽放光芒。

温州叶同仁中医药博物馆

业态概况

温州叶同仁中医药博物馆，位于温州市鹿城区瓯江路望江公园内。该馆位于温州美丽的瓯江之畔，总占地面积 1000 余平方米，建筑面积约 400 平方米，展厅面积约 300 平方米，是一家小而精致的纯公益性质的博物馆，投资资金 100 万元左右，于 2012 年 5 月设立。馆内有专职人员 3 名，附近景区有江心屿与朔门街。

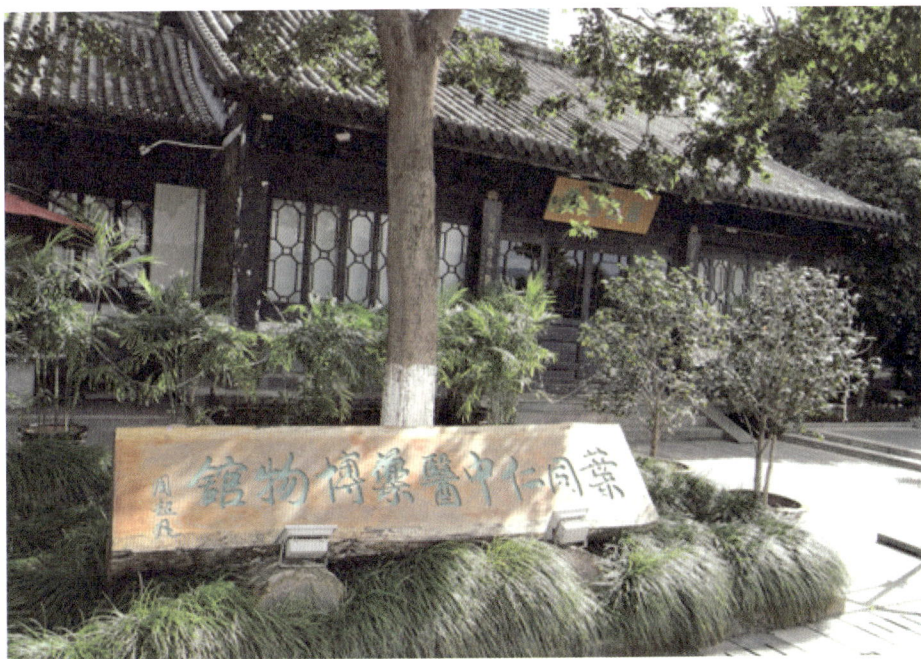

产业特色

叶同仁中医药博物馆总体分为庭院景观、室内展示以及养生休闲等三大布局，百草药园内种植了 100 余种中草药供观赏，室内展示有瓯越中医药演变史、中药企业管理史、历代医药名人名著史、浙南民间单方验方、浙南中草药标本、中药加工炮制、叶同仁发展文化史等，还可以分享

叶同仁药茶、药酒、药膳等养生文化。博物馆每月举行 1 次文化驿站活动，将历史、文物收藏、展览与休闲式的文化交流活动结合起来，以时空漫步站、文博大讲堂、手工实验课堂等场所为载体，举办文物鉴赏、博物启蒙、传统文化教习体验等活动，使之成为集治疗、预防、养生、吟咏、文化于一体的综合性产业布局特色。

文化亮点

叶同仁中医药博物馆作为具有 340 多年历史的中华老字号品牌，历经了岁月沧桑，留下了丰厚的非物质文化遗产，包括叶同仁中医药文化、诗赋文化、养生

文化、经营管理文化等。数百年来，叶同仁始终秉承"修合虽无人见，存心自有天知"这一古老店训，为传承和弘扬中医药文化做出不懈努力。

叶同仁中医药博物馆不仅定期聘请医药专家，

进行有关医学养生方面的科普讲座，而且聘请名老中医为广大群众提供义诊服务，开展青少年中医药普及知识教育，开展武术老师领操、免费教太极拳、免费中医咨询、叶氏诗作分享等多种形式的精彩活动。叶同仁中医药博物馆成了老百姓休闲娱乐学习的一个好去处。比如，博物馆每月1次的文化驿站活动，将历史积淀、文物收藏、展览休闲三者有机结合，此种创新式的文化交流活动，以时空漫步站、文博大讲堂、手工实验课堂等场所为载体，举办文物鉴赏、博物启蒙、传统文化教习体验等活动，使之成为集治疗、预防、养生、吟咏、文化于一体的活动中心。综合影响力大，受众面广，在中医药文化传播和科学知识普及方面具有独特作用。

兰溪市诸葛八卦村

业态概况

兰溪市诸葛八卦村，位于浙江中西部兰溪市境内，处于金华兰溪市、杭州建德市、衢州龙游县的交汇点，是兰溪与国家级风景名胜区"二江（新安江、富春江）一湖（千岛湖）一山（黄山）一草（兔耳岭）"衔接的接点和必经之地，总村域面积3平方千米，先后被评为"全国重点文物保护单位""国家4A级旅游区""全国民主法制示范村"及"全国文明村"。这里是诸葛亮后裔的最大聚居地，是由

诸葛亮第 27 代裔孙诸葛大狮按九宫八卦设计布局的，这种构思布局的村庄被称为"中国一绝"，目前在我国的村落中属首例。

产业特色

自宋末元初以来，诸葛村主打以传统中药为特色产业，与浙江慈溪、安徽绩溪合称"三溪"，称雄江南中药市场 700 多年。诸葛村的诸葛亮后裔遵从先祖"不为良相，便为良医"的族训，以救世济民为己任，药业世代相传。自明代以来，诸葛氏中医药业务从金华八县扩展到江南各地，影响甚大。诸葛村上曾开设过七家中药店，专营中药业在 4 代以上的"中药世家"就有 17 户。诸葛氏经营这一行业，一向以"道地药材""货真价实""童叟无欺"著称，终于赢得了"徽州人识宝，诸葛人识草"和"吾兰药业，以瀫西为著名，而瀫西药业又以诸葛为独占"的美誉，为家族繁衍和古村落建设奠定了坚实的经济基础。

除中医药销售产业外，诸葛八卦村功能定位还有养生保健、健康旅游、技术体验、工业生产、产品销售、门诊医疗等，努力实现了与旅游、农业、养老、传播、保健、销售、餐饮等许多

不同产业之间的密切融合。如今，诸葛村的中医药文化与旅游相结合，开设寿春堂、大经堂、天一堂、百草生态园等参观体验区。结合诸葛中医药养生文化，以隆丰禅寺、百草生态园为基地，开展中医药文化养生游，佛家文化研学游等旅游产品，打造禅修养生文化品牌。

文化亮点

诸葛八卦村拥有多家历史悠久、声誉远播的中医药老字号，如天一堂、寿春堂、大经堂等。其中天一堂是由诸葛亮第 47 世孙——诸葛棠斋创办，当年天一堂以"货真价实，诚信戒欺"的办店宗旨和"修合虽无

人见，诚心自有天知"的职业道德规范载誉江南，蜚声于海内外。其制作的饮片、丸、散、膏、丹以选料道地、炮制精湛素负盛名。天一堂监制的"诸葛行军散""百补全鹿丸"及"卧龙丹"疗效显著，为家藏救急的必备良药，至今畅销不衰。现今"中医药展览馆"的大经堂、寿春堂中药店、老天一堂百草园留下养鹿取茸、饲蜂收蜜的遗迹，古老的药铺、品种繁多的标本室，相当规模的制药工场，井然有序。

兰溪有句民谚："徽州人识宝，诸葛人识草。"在其厅堂所展列出的各类中草药标本、中成药、或动物标本，皆由诸葛后代自己采集制作，不仅可让人从中学会鉴别、制作、使用中药的些许知识，而且在中医药文化传播方面起到了巨大的推动作用。

雁荡山铁枫堂石斛文化中心

业态概况

　　雁荡山铁枫堂石斛文化中心坐落在有"国家铁皮石斛生物产业基地、中国铁皮石斛之乡、中国铁皮枫斗加工之乡、全国一村一品（铁皮石斛）示范村、森林公园、世界地质公园"之称的温州市雁荡山麓，为标准二层古式四合院建筑，占地面积 632 平方米，建筑面积为 1200 多平方米。

　　雁荡山铁枫堂石斛文化中心由浙江铁枫堂生物科技股份有限公司投资建成。该公司成立于 2010 年，注册资本 5600 万元，已建成年产铁皮石斛组培苗 7000 万株的组培室 3 个，大棚种植基地 500 亩，在雁荡山国家森林公园灵峰林区承租了 1100 亩的森林进行林下原生态种植。近 10 年来，铁枫堂特色主导产品——"雁荡山铁皮石斛"产业快速发展，成为乐清特色农业的一大主导支柱产业，已经形成集种苗培育、种植、加工、

销售于一体的铁皮石斛全产业链，成为全温州首个突破10亿元的农业产业链。

产业特色

雁荡山铁枫堂石斛文化中心所隶属的浙江铁枫堂科技股份有限公司是一家集铁皮石斛品种选育、组培苗繁育、大棚种植、林下原生态种植、石斛枫斗GMP加工、铁皮石斛保健品生产、日用化妆品生产销售、铁皮石斛中药养生文化传播于一体的现代科技农业企业和中医药企业。

其前身"铁枫堂"源于1840年，是浙江省老字号，创堂之初以经营草药为主。在大力推进中医药发展的大背景下，铁枫堂抓住将现代科学与古老中医药瑰宝结合的机会，成立了我国石斛行业院士专家工作站和国家中医药管理局铁皮石斛重点研究室，使老字号再次发光。2015年2月，乐清市成功创建"国家现代农业示范区"，同年7月成功创建"国家铁皮石斛生物产业基地"，同年12月被评为省级农业示范性全产业链。2017年1月，雁荡山铁皮石斛获国家农产品地理标志登记，同时，乐清雁荡山也是铁皮石斛道地产区、浙江省新"浙八味"铁皮石斛的核心主产区。

文化亮点

"铁枫堂"至今已传至第五代，近代就曾因经营铁皮枫斗而闻名遐迩，康有为曾为其题"中医世家"，蒋叔南曾为其题"铁枫堂"，胡庆余堂"红顶商人"胡雪岩更是亲自上门采办。雁荡山铁枫堂石斛文化中心为"铁枫堂"第五代传承人宋仙水秉承太祖父遗志，满怀着对铁皮石斛的谦卑与恭敬之心，于2017年在创始人老宅原址按照原貌修建而成，他继承"孝以待亲、和以待里、信以经商、严以治家"的铁枫堂家训，致力于铁皮石斛全产业链的研发与铁皮石斛中药养生文化的推广。

中心内设石斛标本展示区、非物质文化铁皮枫斗加工技艺展示区及互动区、铁枫堂历史文化传承展示区、历代石斛文化展示区、铁皮石斛休闲养生馆、铁皮石斛文化讨论区、铁皮石斛科普长廊等，旨在展现中药世家的文化底蕴。铁枫堂坚持以铁皮石斛全产业链宣传、中医药养生文化传播为己任，挖掘、搜集了铁皮石斛相关的中医药文物史料、书画、诗词、铁皮石斛科普知识，借产业集聚融合优势，进而发扬铁枫堂铁皮石斛文化传承，推动乐清铁皮石斛产业发展乃至温州市旅游、观光服务等相关产业的发展。